천자문이야기

　『천자문(千字文)』은 한국·중국·일본을 위시한 동북아시아에서 일천 년 이상 가장 널리 읽혀오던 고전이다.
　『천자문』은 중국 남북조 시대 양나라의 문인 주흥사가 지은 책이다. 양나라 황제인 무제가 왕희지의 글씨 가운데서 자기가 소중히 여기는 글자 1천 자를 추려 내어, 종이 한 장에 한 자씩 쓰게 하였는데 글자 1천 자 모두 따로따로 되어 아무런 문맥도 통하지 않았다.
　그리하여 무제는 주흥사를 불러 1천 자를 주며 "이것을 가지고 운을 붙여 한 편의 글을 만들라"고 하였다. 하지만 빼어난 문인이었던 주흥사로서도 1천 자를 가지고 한 자도 겹치는 것이 없게끔 한 편의 글을 만든다는 것은 참으로 어려운 일이었다. 주흥사는 어느 날 황제의 노여움을 사 죽음의 벌을 받게 되었는데 주흥사가 "하룻밤 안에 1천 자를 가지고 사언절구(四言節句)의 문장을 지어내면 죄를 용서해 주겠다"고 했기 때문에, 주흥사는 하룻밤 사이에 1천 자를 가지고 250구를 채워야만 했다.
　하룻밤을 꼬박 새어 250구를 채우고 나니, 얼마나 힘들었던지 머리칼이 다 하얗게 새어 버렸다고 하여 천자문을 가리켜 '백수문(白首文)', '백두문(白頭文)'이라고 부르기도 한다.
　『그림과 함께 풀어쓴 천자문』은 사언고시(四言古詩) 하나하나에 재미있는 컬러 삽화를 넣어 그 의미 파악을 쉽고 용이하게 할 수 있도록 꾸몄다.

하늘 천	땅 지	검을 현	누를 황
天	地	玄	黃
하늘·임금·아버지	땅·아래	검다·고요하다	누렇다·늙은이
一二千天	一十十士坦地	、一亠玄玄	一艹艹芒芒苗黃

[天地玄黃 천지현황] 하늘은 그 빛이 검고 땅은 누렇다.

➡ 어휘학습　　　　　　　　　　　　▸ 天 7급　▸ 地 7급

天國 천국　　　＊國 나라 국

이 세상에서 올바르게 살다가 죽은 후에 갈 수 있는 영원히 복받는 나라.
 地獄 지옥

地圖 지도　　　＊圖 그림 도

지구 위의 바다·육지·산·강의 지형을 일정한 크기로 줄여서 나타낸 그림.

집 우	집 주	넓을 홍	거칠 황
宇	宙	洪	荒
집·하늘·천지	집·하늘	넓다·크다	거칠다·크다
丶宀宀宇宇	丶宀宁宙宙宙	氵汁洪洪洪	艹芊荒荒

[宇宙洪荒 우주홍황] 우주는 한없이 넓고 커서 끝이 없다.

◑ 어휘학습

宇宙 우주
해, 달, 별을 싸고 있는 한없이 큰 공간과 시간.
동 天地 천지

洪水 홍수 *水 물 수
큰 물, 비가 많이 와서 강물이 넘쳐 흐를 정도로 많은 큰 물.

날 일	달 월	찰 영	기울 측
日	月	盈	昃
날·해·하루	달·한 달	가득하다·넘치다	기울다·해가 기울다
丨冂日日	丿刀月月	丿乃及及及盈盈	丨冂日旦尸昃昃

[日月盈昃 일월영측] 해는 서쪽으로 기울고, 달은 차면 점점 줄어든다.

어휘학습

▶ 日 8급 ▶ 月 8급

日記 일기   *記 기록할 기

날마다 생긴 일·느낌 등을 적은 기록.
일지, 다이어리.

月報 월보   *報 갚을 보

다달이 내는 보고나 보도
또는 그 인쇄물.

별 진·날 신	잘 숙·별자리 수	벌릴 렬	베풀 장
辰	宿	列	張
별·때·나다	자리·머물다·별자리	벌리다·펴다·줄	베풀다·늘이다
一厂厂F辰辰辰	丶宀宀宀宿宿	一ㄱ歹列列	ㄱㄱㄢ引张張張

[辰宿列張 진숙렬장] 별과 별자리가 하늘에 넓게 펼쳐져 있다.

어휘학습

宿題 숙제   *題 표제 제

학교에서 배운 것의 예습과 복습을 위해 내주는 문제.

列車 열차   *車 수레 차

기관차에 객차를 연결하고 운전 장치를 설비한 차량.

찰 한	올 래	더울 서	갈 왕
寒	來	暑	往
차다·춥다·떨리다	오다·돌아오다	덥다·더위	가다·옛·이따금
丶冖宀宧宲寒寒	一ナ六六來來來	口日旦昇昇暑暑	丿彳彳彳彳往往

[寒來暑往 한래서왕] 추위가 오면 더위는 물러간다.

◐ 어휘학습　　　　　　　　　　　　　　　▶來 7급

來貢 내공　　*貢 바칠 공	往生 왕생　　*生 날 생
외국 또는 속국의 사신이 찾아와서 공물을 바침.	불교에서 말하는 이승을 떠나 정토에 가서 태어나는 일.

가을 추	거둘 수	겨울 동	감출 장
秋	收	冬	藏
가을·때	거두다·모으다·잡다	겨울	감추다·광
千禾禾秋秋秋	丨丩丬収收	夕冬冬冬	芹苎莊藏藏

[秋收冬藏 추수동장] 가을에는 곡식을 거두고 겨울이 오면 저장한다.

어휘학습   ▶秋 7급 ▶冬 7급

秋夕 추석   *夕 저녁 석

우리 나라 명절의 하나.
음력 8월 보름.
한가위.

冬至 동지   *至 절기 지

24절기의 하나.
양력으로 12월 22일~23일경으로 밤이 가장 긴 날.

윤달 윤	남을 여	이룰 성	해 세
閏	餘	成	歲
윤달	남다·나머지	이루다·되다	해·1년·세월
ㅣㅏ門門閏閏	ㅅ今今飠飠餘餘	ㅣ厂厂成成成	ㅏ止广芦芦歲歲歲

[**閏餘成歲** 윤여성세] 24절기의 나머지 시각을 모아 윤달로 정해 1년이 된다.

➡ 어휘학습　　　　　　　▶ 成 6급

成功 성공　　　　＊功 공 공
어떤 일을 하는 데 있어서 목적한 바를 이룸.
　　　　　반 失敗 실패

歲費 세비　　　　＊費 쓸 비
일 년간의 경비, 국회의원의 보수로 매년 지급되는 돈.

법 률	풍류 려	고를 조	볕 양
律	呂	調	陽
법	풍류	고르다·가리다·가락	볕·해·밝다
ノ彳彳彳律律律	丨口口卩呂呂	言訓調調調	阝阝阝阝阝陽陽

[律呂調陽 율려조양] 사계절에 맞는 가락으로 빛과 어둠을 어우러지게 한다.

◯ 어휘학습
▶ 陽 6급

調和 조화   *和 화할 화

어느 것이라도 이것저것이 서로 잘 어울리게 함.

陽地 양지   *地 땅 지

볕이 바로 드는 땅.
※ 양지가 음지되고 음지가 양지된다
– 세상 일이란 바뀌고 도는 것 반 陰地 음지

구름 운	오를 등	이를 치	비 우
雲	騰	致	雨
구름	오르다 · 달리다	이르다 · 일으키다	비
一厂戶币币雨雪雲雲	月脞脞脞騰騰騰	一工工至至致致致	一厂厂币币雨雨

[雲騰致雨 운등치우] 구름이 올라가 비가 내리게 된다.

▶ 어휘학습

雲雨 운우　　＊雨 비 우

구름과 비.
대업을 이룰 기회.
남녀간의 육체적인 어울림.

雨期 우기　　＊期 기약할 기

일 년 중에서 비가 가장 많이 오는 시기.
장마철.

반 乾期 건기

이슬 로	맺을 결	할 위	서리 상
露	結	爲	霜
이슬·드러나다	맺다·마치다	하다·만들다	서리

[露結爲霜 노결위상] 이슬이 맺혀 서리가 된다.

◆ 어휘학습

結合 결합   *合 합할 합

둘 이상이 서로 관계를 맺고 합쳐서 하나가 됨.

行爲 행위   *行 행할 행

사람이 행하는 것.
사람의 도의적 성질을 띤 의식적인 동작.

쇠금·성김	날 생	고울 려	물 수
金	生	麗	水
금·돈·귀하다·성	낳다·살다·날 것	곱다·빛나다	물·강
ノ 人 仐 全 余 金	ノ 宀 亠 牛 生	亠 䒑 丽 严 严 麗 麗	亅 刁 水 水

[金生麗水 금생려수] 금은 여수에서 많이 났다.

◉ 어휘학습
▶金 8급 ▶生 8급 ▶水 8급

金鑛 금화   *鑛 쇳돌 광
황금을 함유한 광석.
금광이 매장되어 있는 광산.

生産 생산   *産 낳을 산
자연물에 인력을 가하여 재화를 만들어 내거나 증가시키는 일.
 消費 소비

구슬 옥	날 출	뫼·산이름 곤	뫼·산등성이 강
玉	出	崑	岡
구슬	낳다·나아가다	산	언덕
一 二 干 王 玉	ㅣ 屮 中 出 出	′ 屮 屵 峃 崑 崑	ㅣ 冂 冋 冈 岡 岡 岡

[玉出崑岡 옥출곤강] 옥은 곤강에서 많이 났다.

어휘학습   ▶玉 7급 ▶出 7급

玉房 옥방   *房 방 방

옥으로 여러 가지 물건을 만드는 곳 또는 그런 물건을 파는 곳.

出席 출석   *席 자리 석

자리에 나감.
어떤 모임에 나가 참여함.

칼 검	이름 호	클 거	대궐 궐
劍	號	巨	闕
칼	이름·부르다·부르짖다	크다·많다	대궐
ノ 人 △ 佥 佥 劍 劍	口 号 号 号 号 號 號	一 厂 厂 巨 巨	丨 冂 門 門 門 闕 闕

[劍號巨闕 검호거궐] 칼 중에서는 거궐이 으뜸으로 불렸다.

⇨ 어휘학습

▶ 號 6급

號令 호령 *令 영령 령
지휘하여 명령함. 큰 소리로 꾸짖음.

巨物 거물 *物 만물 물
큰 물건. 학문·경력·세력이 중요한 위치에 있는 사람.

구슬 주	일컬을 칭	밤 야	빛 광
珠	稱	夜	光
구슬·진주	일컫다·부르다	밤·어둡다	빛·빛나다·위엄
一 T F 王 珒 珠 珠	二 禾 币 秆 稱 稱 稱	亠 广 疒 疒 夜 夜	丨 丷 业 屮 光

[珠稱夜光 주칭야광] 구슬 중에는 야광이라고 하는 구슬이 있었다.

어휘학습   ▶夜 6급 ▶光 6급

夜間 야간   *間 사이 간

해가 져서 뜰 때까지를 말함, 밤 사이.

光明 광명   *明 밝을 명

밝고 환함.
번뇌·죄악의 암흑을 비추어 신앙상의 지견을 줌.

실과 과	보배 진	오얏 리	어찌·능금나무 내
果	珍	李	柰
실과·열매·결과	보배·귀중하다	오얏	능금나무
丨 日 田 甲 果 果	二 王 尹 珍 珍 珍 珍	一 十 才 木 李 李 李	一 十 木 本 李 李 柰

[**果珍李柰** 과진리내] 열매 과일 중에서는 오얏과 능금이 가장 귀중하다.

◎ 어휘학습   ▶ 果 6급

果樹 과수   *樹 나무 수

식용의 목적으로 열매를 거두기 위하여 재배하는 나무.

珍味 진미   *味 맛 미

음식의 매우 좋은 맛. 또는 그런 음식물.

나물 채	무거울 중	겨자 개	생강 강

나물·반찬·양념	무겁다·중요하다	겨자·티끌	생강
一十艹芍芍萃菜	一二千千重重重	一十艹艾芥	艹芦苎茜薑薑薑

[菜重芥薑 채중개강] 양념 중에서는 겨자와 생강이 가장 중요하다.

➡ 어휘학습

▶ 重 7급

菜食 채식　　*食 밥 식

푸성귀로 만든 반찬만을 먹음.

반 肉食 육식

重犯 중범　　*犯 범할 범

거듭 저지른 범죄 또는 그 사람.
중한 범죄.

바다 해	짤 함	물 하	맑을 담
海	醎	河	淡
바다	짜다	물·강물·내	맑다·싱겁다
丶 氵 汁 沽 海 海 海	丆 西 酉 酉 酉 醎 醎	丶 氵 汀 沪 河 河	丶 氵 汁 汃 浴 淡 淡

[海醎河淡 해함하담] 바닷물은 짜고 민물은 심심하고 맑다.

어휘학습　　　　　　　　　　　　▶海 7급

| 海軍 해군 | *軍 군사 군 | 河堤 하제 | *堤 둑 제 |

바다에서 적군을 공격·방어하기 위하여 조직된 군대.

하천에 만든 제방.

비늘 린	잠길 잠	깃 우	날 상
鱗	潛	羽	翔
비늘·물고기	잠기다·감추다	깃·날개	날다
鱼 鱼 魚 魚 鮮 鱗 鱗	氵 氵 氵 汙 潛 潛 潛	丿 丿 丬 羽 羽 羽	⺊ 兰 关 ⽻ 翔 翔 翔

[鱗潛羽翔 인잠우상] 비늘 있는 물고기는 물 속에 잠기고, 날개 달린 새는 하늘을 날아다닌다.

◐ 어휘학습

潛入 잠입   *入 들 입

남 몰래 들어감.
물 속에 잠기어 들어감.

羽檄 우격   *檄 격문 격

군사상 급히 전하는 격문.

동 羽書 우서

용 룡	스승 사	불 화	임금 제
龍	師	火	帝
용	스승·선생님	불	임금·황제

[龍師火帝 용사화제] 복희씨는 용으로 벼슬 이름을 붙였고, 신농씨는 불로 붙였다.

➡ 어휘학습

▶ 火 8급

火鐘 화종　　*鐘 종 종

불이 났을 때 알리기 위하여 치는 종, 불종.

帝道 제도　　*道 길 도

인의(仁義)로 나라를 다스리는 제왕의 정도(正道).

새 조	벼슬 관	사람 인	임금 황

새	벼슬·관직	사람·인간	임금·크다
′ ⺈ ⼽ ⼽ 亀 鳥 鳥	′ ″ ⼧ ⼧ ⼧ 官 官	⼃ 人	′ ⼴ ⽩ ⾃ ⾃ 皇 皇

[鳥官人皇 조관인황] 소호씨는 새 이름으로, 인황씨는 사람 이름으로 벼슬 이름을 붙였다.

◆ 어휘학습

▶ 人 8급

官學 관학   *學 배울 학

국가에서 정한 공인된 학교.

반 私學 사학

人類 인류   *類 무리 류

사람을 생물학적으로 딴 동물과 구별하는 말.

비로소 시	지을 제	글월 문	글자 자
始	制	文	字
비로소·처음	짓다·절제하다	글·어구·문서	글자
ㄥ ㄠ ㄠ ㅼ ㅼ 始 始	ㆍ 느 누 숚 岾 制 制	ㆍ 一 ナ 文	ㆍ ㆍ 宀 㝀 宁 字

[始制文字 시제문자] 복희씨의 신하인 창힐은 새와 짐승의 발자취를 보고 처음으로 글자를 만들었다.

◆ 어휘학습

▶文 7급 ▶字 7급

文學 문자   *學 배울 학

정서나 사상을 상상의 힘을 빌려 언어·문자로써 표현한 예술 및 그 작품.

字解 자해   *解 풀 해

글자의 해석, 특히 한자의 해석.

이에 내	입을 복	옷 의	치마 상
乃	服	衣	裳
이에·곧·어조사	입다·옷·직분	옷·입다	치마
丿乃	丿 刀 月 月 𦜝 服 服	丶 一 ナ 亣 𧘇 衣	丨 ⺌ 𫩘 𰇹 堂 堂 裳

[乃服衣裳 내복의상] 황제 때에 처음으로 윗옷과 치마를 만들어 입도록 하였다.

어휘학습   ▶服 6급

服業 복업   *業 일 업

어떤 업무에 종사함.

衣裳 의상   *裳 치마 상

겉에 입는 저고리와 치마, 옷.

밀 퇴·옮길 추	자리 위	사양할 양	나라 국
推	**位**	**讓**	**國**
미루다·옮기다	자리·벼슬·위치	사양하다·꾸짖다	나라·고향
一 扌 扌 扌 抃 抃 推 推	ノ 亻 亻 亻 亻 位 位	言 言 訁 諪 諪 讓 讓	丨 冂 冋 同 同 國 國

[**推位讓國** 퇴위양국] 황제의 자리와 나라를 아들이 아닌 성인에게 물려주었다.

➡ 어휘학습   ▶ 國 8급

位置 위치   *置 둘 치
차지하는 자리나 위치.
처소. 곳. 장소.

國家 국가   *家 집 가
나라, 일정한 영토에 거주하는 다수인으로 구성된 사회 집단으로 통치권을 갖고 있는 것.

있을 유	나라이름 우	질그릇 도	당나라 당
有	虞	陶	唐
있다 · 가지다	우나라 · 염려하다	질그릇	당나라
ノ ナ オ 有 有 有	⺊ ⺊ 卢 唐 虘 虞 虞	⻏ ⻏ 阝 阝 阿 陶 陶	一 广 戶 庐 庚 唐 唐

[有虞陶唐 유우도당] 우를 다스리던 임금과 도당을 다스리던 요 임금이 나라를 성인에게 물려주었다.

어휘학습　　　　　　　　　　　　　▶有 7급

有給 유급　　　＊給 넉넉할 급
급료가 있음.
반 無給 무급

陶瓷器 도자기　＊瓷 그릇 자　＊器 그릇 기
질그릇 · 오지그릇 · 사기그릇의 총칭.

조상할 조	백성 민	칠 벌	허물 죄
弔	民	伐	罪
조상하다·서럽다	백성	치다·베다	허물·죄
ㄱㄱㄹ弔	ㄱㄱㄷㄸ民	ノイイ仁代伐伐	ㅁ罒罒罒罪罪罪

[弔民伐罪 조민벌죄] 불쌍한 백성을 돕고 죄지은 사람을 벌하였다.

어휘학습

▶ 民 8급

民族 민족　　*族 겨레 족
동일한 지역·언어·생활·양식·심리적 습관·문화·역사 등을 갖는 인간 집단.

伐草 벌초　　*草 풀 초
무덤의 잡초를 베어서 깨끗이 함.

두루 주	필 발	성할·나라이름 은	끓을 탕
周	發	殷	湯
두루·둘레	피다·일어나다	은나라·성하다	끓다·물을 끓이다
丿 冂 冂 冃 用 用 周	丿 𠂊 𠫓 癶 癶 癶 癸 發 發	丿 𠂆 𠂇 身 舟 舟 般 殷	丶 氵 氵 沪 沪 沪 湯 湯

[周發殷湯 주발은탕] 주나라의 무왕과 은나라의 탕왕은 불쌍한 백성을 돕고 죄지은 사람을 벌하였다.

어휘학습

▶ 發 6급

周邊 주변   *邊 가 변

주위의 가장자리.
전두리. 언저리.

發展 발전   *展 펼 전

더 잘 되거나 나아지거나 활발해지거나 하는 일.

앉을 좌	아침 조	물을 문	길 도
坐	朝	問	道
앉다 · 자리	아침 · 이르다	묻다	길 · 가르침
ノ 人 𠆢 사 쓰 坐 坐	一 十 古 古 卓 朝 朝	𠃍 𠃊 門 門 門 問 問	丷 丷 首 首 首 道

[坐朝問道 좌조문도] 조정에 앉아 백성을 다스리는 올바른 길을 물었다.

어휘학습

▶ 問 7급 ▶ 道 7급

問題 문제   *題 표제 제

대답 · 해답 따위를 얻으려고 낸 물음.

道德 도덕   *德 덕 덕

사람으로서 마땅히 갖추고 닦아야 할 행동 규범.

드리울 수	팔짱낄 공	평평할 평	밝을 장
垂	拱	平	章
드리우다·수직	팔짱을 끼다	평평하다	밝다·글
一 二 千 乒 乒 乓 垂 垂	一 扌 扌 扒 拱 拱 拱	一 ㄱ ㅜ 亚 平	一 ㅗ ㅛ 立 产 音 音 音 章

말풍선: 이제 편히 쉬어도 되겠다
말풍선: 푹 쉬셔도
말풍선: 나라는 태평성대 입니다

[垂拱平章 수공평장] 임금이 몸을 공손히 하고, 밝고 바르게 백성을 다스렸다.

● 어휘학습
▶ 平 7급

垂直 수직　　*直 곧을 직

직선과 직선, 직선과 평면, 평면과 평면이 직각을 이루고 있는 상태.

平和 평화　　*和 화할 화

평온하고 화목함, 화합하고 안온함.
전쟁이 없이 세상이 평온함.
 戰爭 전쟁

사랑·아낄 애	기를 육	검을 려	머리 수
愛	育	黎	首
사랑·아끼다	기르다	검다·새벽·무리	머리·우두머리

[愛育黎首 애육려수] 임금은 모든 백성을 사랑하고 돌보아야 한다.

➲ 어휘학습

▶ 育 7급

育成 육성　　*成 이룰 성
길러 냄, 길러서 키워 냄.

首罪 수죄　　*罪 허물 죄
여러 가지 범죄.
범죄 행위를 하나하나 들추어 냄.

신하 신	엎드릴 복	오랑캐 융	오랑캐 강
臣	伏	戎	羌
신하·백성	엎드리다·복종하다	융족	강족
丨 厂 厂 疒 臣 臣 臣	ノ 亻 亻 仂 伏 伏	一 二 亍 式 戎 戎	⺊ ⺊ ⺊ 羊 羊 羊 羌

[臣伏戎羌 신복융강] 모든 백성을 사랑하고 돌보면, 예의를 모르는 융족과 강족도 신하가 되어 복종한다.

◎ 어휘학습

臣服 신복   *服 옷 복

신하가 되어 복종함.

伏節 복절   *節 마디 절

절개를 굽히지 않고 지킴.

멀 하	가까울 이	하나·한 일	몸·바탕 체
遐	邇	壹	體
멀다	가깝다	하나·한결같다	몸·근본
丨 F F F 段 假 遐	一 ㄏ 爾 爾 爾 邇 邇	一 十 士 吉 壹 壹 壹	丨 曰 骨 骨 體 體 體

[遐邇壹體 하이일체] 멀고 가까운 곳들이 모두 하나가 될 수 있다.

◆ 어휘학습   ▶ 體 6급

遐方 하방   *方 모 방
서울에서 멀리 떨어진 지방.

體感 체감   *感 느낄 감
몸에 느끼는 감각.

거느릴 솔	손 빈	돌아갈 귀	임금 왕

거느리다·이끌다	손님	돌아가다·돌아오다	임금
一十玄玄玆率率	宀宁宇宕宮賓賓	𠂤𠂤𠂤歸歸歸	一丁千王

[率賓歸王 솔빈귀왕] 하나가 되면, 멀고 가까운 곳에서 사람들이 와서 임금에게 복종한다.

어휘학습

▶ 王 8급

歸國 귀국   *國 나라 국

본국으로 돌아가거나 돌아옴.

 還國 환국

王道 왕도   *道 길 도

임금이 마땅히 지켜야 할 길.
유가가 이상으로 삼는 정치 사상으로 인덕을 근본으로 하는 정도. 반 覇道 패도

울 명	새 봉	있을 재	나무 수
鳴	鳳	在	樹
울다·울리다	봉황	있다·살다	나무·세우다
ㅁ ㅁ 吅 咱 咱 鳴 鳴	丿 几 凡 凤 凤 鳳 鳳	一 ナ 才 在 在 在	一 十 木 木 桔 樹 樹

[鳴鳳在樹 명봉재수] 훌륭한 임금과 성인이 나타나면 나무 위에서 봉황이 운다.

어휘학습
▶ 在 6급 ▶ 樹 6급

在中 재중 　　*中 가운데 중
속에 들어 있다는 뜻으로 봉함한 봉투 겉에 쓰는 말.

樹林 수림 　　*林 수풀 림
나무가 우거진 숲.

흰 백	망아지 구	먹을·밥 식	마당 장
白	駒	食	場
희다	망아지	먹다·밥·음식	마당·곳
´ ⼃ 白 白 白	丨 ⼧ 𩺰 馬 馬 駒 駒	⼃ 入 今 今 食 食 食	一 土 圫 坦 坦 場 場

[白駒食場 백구식장] 흰 망아지는 마당에서 즐겁게 풀을 뜯는다.

⮕ 어휘학습

▶ 白 8급 ▶ 食 7급

白地 백지   *地 땅 지

농사가 안 되어 거둘 것이 없는 땅.

食團 식단   *團 둥글 단

비빔밥을 완자처럼 둥글린 후 밀가루를 묻히고 달걀을 씌워 지져서, 그냥 먹거나 장국에 넣어 먹는 음식.

될 화	입을 피	풀 초	나무 목
化	被	草	木
되다·바뀌다	입다·끼치다	풀	나무
ノイ仁化	亠ネ衤初初被被	艹艹艹苩苩草草	一十才木

말풍선:
- 나도~
- 우리는 화합의
- 꽃을 피우는 가정
- 난, 엄마 아빠가 제일 좋아

[化被草木 화피초목] 왕의 덕화는 풀과 나무에까지 미친다.

어휘학습

▶ 木 8급

化石 화석   * 石 돌 석

지질 시대에 살던 동식물의 유해 및 유적이 수성암 등의 암석 속에 남아 있는 것.

木工 목공   * 工 장인 공

나무를 다루어 물건을 만드는 일.

힘입을 뢰	미칠 급	일만 만	모 방
賴	及	萬	方
힘입다·믿다	미치다·이르다	만·많다	방향·방위·곳
日申束剌剌賴賴	ノ乃及	艹艹芍苩菖萬萬	丶一亍方

[賴及萬方 뇌급만방] 백성의 행복은 다른 나라에까지 미친다.

◎ 어휘학습　　　▶ 萬 8급　▶ 方 7급

萬國 만국　　　*國 나라 국　　**方針** 방침　　*針 바늘 침

세계의 모든 나라.　　　　　　앞으로 일을 할 방향과 계획.

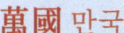 萬邦 만방, 國際 국제

덮을 개	이 차	몸 신	터럭 발
蓋	此	身	髮
덮다·대개·뚜껑	이쪽·이것·그치다	몸	털·머리카락

[蓋此身髮 개차신발] 모든 사람의 몸에는 털이 있다.

어휘학습

▶ 身 6급

此岸 차안 *岸 언덕 안
불교에서 말하는 생사(生死)의 세계,
곧 이 세상.
  반 彼岸 피안

身體 신체 *體 몸 체
사람의 몸.
갓 죽은 송장의 존칭.

넉 사	큰 대	다섯 오	떳떳할 상
四	大	五	常
넉·넷	크다	다섯	떳떳하다·항상
一 口 冂 四 四	一 ナ 大	一 丁 五 五	丶 ⺌ ⺌ 卉 带 常 常

 **四大五常** 사대오상] 세상에는 네 가지 크고 중요한 것과 다섯 가지 떳떳한 것이 있다.

어휘학습   ▶四 8급 ▶大 8급

四邊 사변   *邊 가 변

사방의 변두리. 주위. 근처.
네 개의 변.

大衆 대중   *衆 무리 중

수가 많은 여러 사람.
사회의 대다수를 점하고 있는 사람들.

공손할 공	오직 유	칠 국	기를 양
恭	惟	鞠	養
공손하다 · 엄숙하다	오직 · 생각하다 · 꾀하다	치다 · 기르다 · 굽히다	기르다 · 자라다
一 + + 共 恭 恭 恭	丨 忄 忄 忄 忄 惟 惟	+ 立 芍 韵 鞠 鞠	丷 羊 羔 养 養 養

[恭惟鞠養 공유국양] 부모가 보살피고 길러 준 것을 공손하게 생각해야 한다.

어휘학습

恭祝 공축 　　　 *祝 빌 축
삼가 축하함.

養殖 양식 　　　 *植 심을 식
어패류, 해조 등을 인공적으로 길러서 번식시키는 일.

어찌 기	굳셀 감	헐 훼	다칠·상할 상
豈	敢	毀	傷
어찌	굳세다·감히	헐다·비방하다	상하다·다치다
丨 凵 屮 屵 芦 壴 豈	丅 丆 丏 百 耳 取 敢 敢	亻 臼 臼 臼 皀 卧 毁 毀	丨 亻 亽 作 作 作 俜 傷 傷

[豈敢毀傷 기감훼상] 부모가 보살펴 준 몸을 어떻게 감히 더럽히거나 다치게 할 수 있을까.

➡ 어휘학습

敢行 감행　　＊行 행할 행
무슨 일을 할 때 과감하게 행동함.

傷害 상해　　＊害 해칠 해
다른 사람에게 상처를 내어 해를 입힘.

계집 녀	사모할 모	곧을 정	매울 렬
女	慕	貞	烈
여자·딸	사모하다·생각하다	곧다·바르다	맵다·사납다
ㄑ ㄠ 女	艹 艹 苜 莒 莫 莫 慕	丨 卜 ㅏ 占 肖 貞 貞	一 ㄅ 歹 歹 列 列 烈 烈

여자는 절개

순결한 백합이다

색시감으로 찍어

[女慕貞烈 여모정렬] 여자는 곧고 바른 마음을 굳게 지켜야 한다.

◎ 어휘학습

女士 여사　　　＊士 선비 사
학덕이 높은 여자의 경칭.

貞男 정남　　　＊男 사내 남
동정을 지닌 남자.
원불교에서 평생을 독신으로 이바지한
남자 출가 교도.　　　반 貞女 정녀

사내 남	본받을 효	재주 재	어질 량
男	效	才	良
남자 · 아들	본받다 · 효험 · 보람	재주 · 능하다	어질다 · 좋다
丨 冂 冂 田 田 甲 男	亠 亠 ㄔ 交 交 效 效 效	一 十 才	` ㄱ ㅋ ㅋ 丬 良 良

[男效才良 남효재량] 남자는 재능이 있고 어진 사람을 본받아야 한다.

◐ 어휘학습　　　　　　　　　　▶男 7급　▶才 6급

男便 남편　　　　＊便 편할 편
여자의 짝이 되어 사는 남자를 그 여자에 대하여 일컫는 말.
 夫人 부인

才色 재색　　　　＊色 빛 색
여자의 재주와 용모.

알 지	지날 과	반드시 필	고칠 개
知	過	必	改
알다·깨닫다	지나다·허물·잘못	반드시·꼭	고치다·바꾸다
ノ 스 午 矢 知 知 知	丨 冂 冂 吊 吊 咼 咼 過	ᆞ ノ 必 必 必	ᄀ ᄀ 己 己 改 改 改

[知過必改 지과필개] 잘못을 깨달았으면 반드시 고쳐야 한다.

➡ 어휘학습

知識 지식   *識 알 식

어떤 사물에 관한 명료한 의식.
알고 있는 내용.

過失 과실   *失 잃을 실

잘못, 어떤 결과의 발생을 부주의로 예견하지 못한 일.

얻을 득	능할 능	말 막	잊을 망
# 得	# 能	# 莫	# 忘
얻다·탐하다	능하다·능력	아니다·없다	잊다·잃어버리다
ノ彳彳但得得得	ノ厶台台台能能	艹艹苩莒草莫	亠亡忘忘忘

[得能莫忘 득능막망] 꼭 알아야 할 것을 배운 뒤에는 잊지 않아야 한다.

◯ 어휘학습

能力 능력　　　*力 힘 력

일을 감당해 내는 힘.
법률상 어떤 일에 대하여 필요하다고 인정되는 사람의 자격.

忘却 망각　　　*却 물리칠 각

잊어버림. 기억에서 아주 사라진 상태.

동 亡失 망실

없을 망	말씀 담	저 피	짧을 단
罔	談	彼	短
없다·속이다	말씀·이야기	저·저것	짧다·잘못
丨 冂 冂 冈 罔 罔 罔	亠 言 言 言 訁 談 談	丿 彳 扩 初 彷 彼 彼	一 ⺰ 矢 矢 短 短 短

[罔談彼短 망담피단] 남의 단점을 알더라도 결코 말하지 말아야 한다.

어휘학습　　　　　　　▶ 談 7급　▶ 短 6급

談話 담화　　　*話 말할 화

이야기, 한 단체나 개인이 어떤 사물에 대해 그의 의견이나 태도를 분명히 하기 위해 하는 말.

短點 단점

낮고 모자라는 점, 결점.

 長點 장점

쓰러질 미	믿을 시	몸 기	길 장
靡	恃	己	長
쓰러지다·없다	믿다·의지하다	몸·자기	길다·많이·좋다
亠广广庐麻靡靡	亻忄忄忄恃恃恃	𠃌 コ 己	丨 丆 丅 丵 镸 長 長

[靡恃己長 미시기장] 자기의 장점을 믿고 자랑하지 말아야 한다.

◯ 어휘학습   ▶己 7급 ▶長 8급

克己 극기   *克 이길 극

자기의 감정이나 욕심을 이지(理智)로써 눌러 이김.

長書 장서   *書 글 서

사연을 길게 적은 편지, 내용이 긴 글.

믿을 신	부릴 사	옳을 가	덮을 복·덮을 부
信	使	可	覆
믿다·참되다·소식	부리다·시키다	옳다·허락하다·가히	덮다·다시·돌이키다
亻亻亻信信信信	亻亻亻亻信使使	一丁丁可可	一覀覀覀覂覆覆

[信使可覆 신사가복] 믿음은 반드시 지켜야 한다.

어휘학습

▶ 信 6급

信用 신용   *用 쓸 용

믿고 씀. 믿고 의심하지 않고 틀림이 없을 것으로 믿음. 평판이 좋고 인망이 좋음.

可望 가망   *望 바랄 망

가능성 있는 희망.

그릇 기	탐낼 욕	어려울 난	헤아릴 량
器	欲	難	量
그릇·재능	탐내다·필요하다	어렵다·꾸짖다	헤아리다·분량
丶口 吅 吅 哭 器 器	八 父 父 谷 谷 欲 欲	廿 芇 茾 菓 斳 斳 難	丶口 므 무 를 量 量

[器欲難量 기욕난량] 사람의 기량은 헤아리기 어려울 만큼 깊어야 한다.

어휘학습

欲求 욕구　　　＊求 구할 구

욕심이 생겨서 구함.
바라서 구함.

測量 측량　　　＊測 잴 측

기계를 써서 물건의 깊이·높이·길이·넓이·거리 등을 재어 헤아림

먹 묵	슬플 비	실 사	물들일 염
墨	悲	絲	染
먹	슬프다·불쌍히 여기다	실·줄	물들이다·물에 젖다
丨 冂 曰 里 黑 黑 墨	丿 ㅋ 키 非 非 悲 悲	幺 糸 糸 絲 絲 絲	氵 汋 汢 染 染 染

[**墨悲絲染** 묵비사염] 흰 실에 검은 물이 들어 다시 희게 되지 못함을 슬퍼해야 한다.

◯ 어휘학습

悲劇 비극   *劇 심할 극

인생의 불행과 비참한 일을 제재로 하여 파멸·고뇌·죽음으로 끝맺는 극.
[반] 喜劇 희극

染指 염지   *指 손가락 지

부정당한 물건을 남몰래 가짐.

글 시	기릴 찬	염소 고	양 양
詩	讚	羔	羊
글 시	기릴 찬	염소 고	양 양
一 亠 亠 言 言 詩 詩 詩	言 言 言 詩 讚 讚 讚 讚	` ` 一 十 一 羊 羊 羔	` ` ` 一 一 二 羊

대단해
문왕의 덕정에 감화되어…
모든 사람이 양처럼 온순해졌다는 내용이야

詩 시
經 경

[詩讚羔羊 시찬고양] 주나라 문왕의 덕에 감화된 사람들이 염소나 양처럼 순해졌음을, 시로 읊어 기렸다.

◎ 어휘학습

詩趣 시취　　　＊趣 달릴 취

시를 짓거나 감상하는 취미 또는 시적인 취미. 시정(詩情).

羊石 양석　　　＊石 돌 석

양의 모습을 새긴 돌짐승.

볕 경	갈 행 · 항렬 항	벼리 유	어질 현
景	行	維	賢
볕 · 경치	가다 · 다니다 · 행하다	벼리 · 오직 · 맺다	어질다
日 旦 星 昙 景 景	彳 彳 行 行	幺 糸 糸 糸 紀 維	臣 臤 臤 賢 賢 賢

[景行維賢 경행유현] 행실을 밝고 당당하게 하면 어진 사람이 된다.

어휘학습   ▶ 行 6급

景觀 경관   *觀 볼 관
경치, 특색 있는 풍경 형태를 가진 일정한 지역.

行政 행정   *政 정사 정
정치를 행함, 법률에 좇아서 정무(政務)를 행하는 행위.

이길 극	생각할 념	지을 작	성인 성
克	念	作	聖
이기다	생각하다	짓다·만들다	성인·거룩하다
一十十古古克克克	ノ人ㅅ今今念念念	ノイ仁个作作	一丅耳耳耶聖聖

[克念作聖 극념작성] 마음 속의 욕심이나 사심을 이겨 나가면 성인이 될 수 있다.

◯ 어휘학습

▶ 作 6급

克服 극복   *服 옷 복

이기어 도로 회복함.
본디 형편으로 돌아감.

作定 작정   *定 정할 정

일을 결정함 또는 그 결정.

큰 덕	세울 건	이름 명	설 립
德	**建**	**名**	**立**
크다·은혜	세우다·일으키다	이름·이름짓다	서다·세우다
ノ彳彳行㣲徳徳	フ ⼽ ⼹ 聿 建 建	ノ ク 夕 夕 名 名	⼀ ⼆ ⽴ ⽴ ⽴

[德建名立 덕건명립] 항상 덕을 쌓으면 이름도 떨치게 된다.

어휘학습

▶ 立 7급

名門 명문　　＊門 문 문

훌륭한 가문, 유명한 문벌.
그 방면에서 유서가 깊고 손꼽히는 존재.
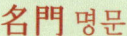 名家 명가

立諾 입낙　　＊諾 허락할 낙

선 자리에서 곧 승낙함.

형상 형	바를 단	겉 표	바를 정
形	端	表	正
형상·나타나다	바르다·끝·살피다	겉·바깥·밝다	바르다
一 二 干 开 形 形 形	` ㄴ ㅎ 止 쓰 쓰 端 端	一 十 土 井 主 吏 表 表	一 丁 下 正 正

"형상이 단정하며"

"저 스님 앞에 서면 나도 모르게"

"몸 가짐이 바르게 되지"

"나도 그래"

[形端表正 형단표정] 겉모습이 단정하고 깨끗하면, 마음이 바르고 또 그것이 밖으로 드러난다.

어휘학습

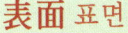 表 6급

表面 표면　　*面 낯 면
거죽으로 드러난 면, 겉쪽.

正直 정직　　*直 곧을 직
거짓·허식이 없이 마음이 바르고 곧다.

빌 공	골 곡	전할 전	소리 성
空	谷	傳	聲
비다·하늘·구멍	골짜기	전하다·옮기다	목소리·노래
丶丷宀宀空空空	丶八夕夊父谷谷	亻仴伯伸傳傳	士吉声殸殸聲聲

[空谷傳聲 공곡전성] 빈 골짜기에서 소리를 치면, 울려 퍼져 그대로 전해진다.

어휘학습

▶ 空 7급

空理 공리　　*理 다스릴 리

실제로 소용 없는 이론.
사실과 동떨어진 이론.

傳達 전달　　*達 통달할 달

어떤 물건이나 의사를 전하여
이르게 함.

빌 허	집 당	익힐 습	들을 청
虛	堂	習	聽
비다·헛되다	집·마루·정당하다	익히다·배우다	듣다
丨 卜 广 庐 虍 虛 虛	丨 ⺌ ⺍ 屵 尚 堂 堂	⼎ ⼮ 刃 羽 羽 習 習	⼀ ⼇ ⽿ 聽 聽 聽

[虛堂習聽 허당습청] 빈 집에서의 소리가 잘 들리듯이, 좋은 말은 먼 곳까지 들린다.

● 어휘학습　　▶堂 6급　▶習 6급

堂舍 당사　　*舍 집 사

당과 사, 큰 집과 작은 집.

習常 습상　　*常 항상 상

옛 것을 고치지 않고 그대로 씀.

재앙 화	인할 인	악할 악	쌓을 적
禍	因	惡	積
재앙·화	까닭·인연	악하다·나쁘다	쌓다·모으다

[禍因惡積 화인악적] 재앙은 나쁜 짓이 쌓였기 때문에 생긴다.

▶ 어휘학습

因果 인과　　　*果 실과 과

원인과 결과.
불교에서 전생의 악업에 대한 불운의 응보.

惡意 악의　　　*意 뜻 의

남에게 해를 끼치려는 마음.

동 惡心 악심

복 복	인연 연	착할 선	경사 경
福	緣	善	慶
복·착하다	인연·까닭	착하다·좋다	좋은 일·즐거워하다
二丁テ示祀福福	幺幺糹糹紿絲緣緣	丷乊羊羔盖善善	广广产产慶慶慶

[**福緣善慶** 복연선경] 복은 착한 일에서 오므로 좋은 일을 하면 경사가 생긴다.

◐ 어휘학습

福德 복덕　　　　　　*德 덕 덕

복과 덕, 복이 많고 덕이 두터움.
불교에서 선생과 그에 대한 과보(果報)로서 받는 복리, 복스러운 공덕.

善化 선화　　　　　　*化 될 화

선한 방향으로 인도하여 변화시킴.

자 척	구슬 벽	아닐 비	보배 보
尺	璧	非	寶
자·가깝다	구슬	아니다·틀리다	보배·귀하다·돈
ᄀ ᄀ ᄅ 尺	ᄀ ᄅ 呂 呂 壁 壁 壁	ᅵ ᅵ ᅧ ᆿ 非 非	宀 宀 宀 宁 寶 寶 寶

[尺璧非寶 척벽비보] 한 자나 되는 구슬이라고 해서 결코 보물이라고는 할 수 없다.

어휘학습

非文 비문　　*文 글월 문

어법이나 내용의 논리가 문법적으로 맞지 않은 문장.

寶物 보물　　*物 만물 물

보배로운 물건.

동 寶貨 보화, 寶財 보재

마디 촌	그늘 음	이 시	다툴 경
寸	陰	是	競
마디·헤아리다	그늘·음기	이것·옳다	다투다·쫓다
一 寸 寸	³ ⁵ 阝 阾 陰 陰 陰	丨 冂 日 旦 昰 昰 是	² ㅗ ㅛ 产 音 竞 競

[**寸陰是競** 촌음시경] 짧은 시간은 아주 귀중하므로 이를 아껴야 한다.

⬥ 어휘학습　　　　　　　　　　　▶ 寸 8급

寸心 촌심　　　*心 마음 심

속으로 품은 작은 뜻.

　　　동 寸志 촌지, 寸衷 촌충

競爭 경쟁　　　*爭 다툴 쟁

같은 목적에 관하여 서로 겨루어 다툼.

밑천 자	아비 부	섬길 사	임금 군
資	父	事	君
밑천·재물·도움	아버지	섬기다·일	임금·남편·그대
〝 〞 氵 次 咨 資 資	ノ 八 グ 父	一 丅 亓 亓 写 写 事	ㄱ ㄱ ㅋ 尹 君 君 君

[資父事君 자부사군] 부모에게 효도하는 마음을 밑바탕으로 하여 임금을 섬겨야 한다.

어휘학습

▶ 父 8급 ▶ 事 7급

父親 부친 *親 친할 친
아버지.
반 母親 모친

事實 사실 *實 열매 실
실제로 있었던 일 또는 있는 일.

가로 왈	엄할 엄	더불어 여	공경 경
日	嚴	與	敬
이르다·일컫다	엄하다·굳세다	더불어·주다	공경하다·삼가다

[日嚴與敬 왈엄여경] 임금을 섬기는 데에는 엄숙함과 공경함이 함께 있어야 한다.

어휘학습

與受 여수   *受 받을 수
주고 받음.
동 授受 수수

敬長 경장   *長 길 장
웃어른을 공경함.

효도 효	마땅할 당	다할 갈	힘 력
孝	當	竭	力
효도	마땅하다·알맞다	다하다	힘
一 十 土 耂 孝 孝 孝	丨 ㅛ 屮 当 当 当 當	二 立 ヨ 刯 刋 竭 竭 竭	丁 力

[**孝當竭力** 효당갈력] 부모에게 효도를 할 때에는 당연히 온 힘을 기울여야 한다.

어휘학습   ▶孝 7급 ▶力 7급

孝子 효자   *子 아들 자

부모를 잘 섬기는 아들.

力量 역량   *量 헤아릴 량

어떤 일을 해낼 수 있는 힘 또는 그 힘의 정도를 말함.

충성 충	곧 즉·법칙 칙	다할 진	목숨 명
忠	則	盡	命
충성	곧·법	다하다·마치다	목숨·명령·운명
丶ㄇㅁ中忠忠	丨冂月目貝貝則	フㅋ글主聿聿書盡	ノ人𠆢合合命命

[忠則盡命 충즉진명] 목숨이 다할 때까지 충성해야 한다.

어휘학습　　　　　　　　　　▶ 命 8급

忠告 충고　　*告 알릴 고
충심으로 남의 허물을 고치도록 타이름.
착한 길로 권고함.

命中 명중　　*中 가운데 중
겨냥한 곳에 바로 맞음 또는 맞힘.

임할 임	깊을 심	밟을 리	얇을 박
臨	深	履	薄
임하다 · 군림하다	깊다 · 멀다	밟다 · 신 · 신다	얇다 · 가볍다
丨 臣 臣' 臣' 臨 臨	丶 氵 浐 浐 浔 深 深	一 尸 尸 屛 屛 履 履	丶 艹 芦 芦 蒲 蒲 薄

[臨深履薄 임심리박] 깊은 곳에 들어가듯이, 얇은 얼음판을 밟듯이 조심해야 한다.

➡ 어휘학습

深慮 심려　　*慮 생각할 려
깊이 생각함. 깊은 사려.

履行 이행　　*行 갈 행
말과 행동이 실제로 같게 행동함.
법률에서는 의무의 실행, 채무 소멸의 경우의 변제.

이를 숙	일어날 흥	따뜻할 온	서늘할 정
夙	興	溫	淸
이르다 · 아침 일찍	일어나다 · 감동하다	따뜻하다	서늘하다 · 시원하다
丿几凡凡夙夙	丨 𠂉 月用用 𦥑 興興	氵氵氵汩洹溫溫	丶丷汁 淸淸淸淸

[夙興溫淸 숙흥온정] 일찍 일어나서 부모의 잠자리가 차가우면 따뜻하게, 더우면 시원하게 해야 한다.

◯ 어휘학습

▶ 溫 6급

興味 흥미   *味 맛 미

흥을 느끼는 재미나 취미.
어떤 대상의 내용에 대한 특별한 주의를
붙쫓아 따르는 감정.   동 興趣 흥취

溫泉 온천   *泉 샘 천

지열로 땅 속에서 섭씨 25℃ 이상으로
데워져 솟는 지하수.

같을 사	난초 란	이 사	향기 형
似	蘭	斯	馨
같다·닮다	난초	이것	향기롭다
ノイイ似似似	艹艹阝門閒蘭蘭	一廿甘甘其斯斯	士吉声殸殸馨

[似蘭斯馨 사란사형] 덕은 난초와 같이 멀리까지 향기가 난다.

어휘학습

蘭草 난초　　　*草 풀 초
난초과의 여러해살이풀, 열대 지방원산, 관상용으로 재배 향기가 높음.

蘭交 난교　　　*交 사귈 교
뜻이 맞아 서로 친밀한 사람들이 사귐.

같을 여	솔 송	갈 지	성할 성
如	松	之	盛
같다·만약	소나무	이것·~의·어조사	성하다·많다
ㄥ ㄨ 女 如 如 如	一 十 才 才 杦 松 松	丶 亠 之	一 厂 成 成 成 盛 盛

[如松之盛 여송지성] 덕은 소나무의 무성함과 같다.

◐ 어휘학습

如夫人 여부인 *夫 지아비 부 *人 사람 인

정실(正室) 대우를 받는 애첩 또는 남의 첩의 존칭.

盛恩 성은 *恩 은혜 은

넘치는 은혜.

내 천	흐를 류	아니 불	쉴 식
川	流	不	息
내	흐르다 · 달아나다 · 무리	아니다 · 하지 않다	쉬다 · 그치다 · 숨쉬다
丿 丿 川	氵 氵 汸 汸 沽 流 流	一 丆 不 不	丿 自 自 自 息 息

[川流不息 천류불식] 냇물은 쉬지 않고 흐른다.

◎ 어휘학습　　　　　　　　　　　▶ 川 7급

 천어　　　*漁 고기 어

냇물에서 사는 물고기.

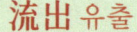 유출　　　*出 날 출

흘러 나가거나 흘러 옴.
화폐가 외국으로 나감.

못 연	맑을 징	취할 취	비칠 영
淵	澄	取	映
연못·깊다	맑다	취하다·받다·찾다	비치다·빛나다
氵 氵 氵 沪 沪 淵 淵	氵 氵 氵 氵 澄 澄 澄	一 丅 ㅌ ㅌ 耳 取 取	丨 冂 日 旷 旷 映 映

[淵澄取映 연징취영] 연못 물은 맑아서 바닥까지 비친다.

◐ 어휘학습

取色 취색　　*色 빛 색

낡은 세간 등을 닦아 빛을 냄.

映像 영상　　*像 형상 상

광선의 굴절 또는 반사에 의하여 물체의 상이 비추어진 것.

얼굴 용	그칠 지	같을 약	생각 사
容	止	若	思
얼굴·용서하다	그치다·막다	같다·만약	생각하다·의사
宀宀宀宀宀容容	丨卜止止	丨丶丷艹艹若若	丨口曰田田思思

[容止若思 용지약사] 언제나 생김새와 몸가짐을 살펴, 잘못한 게 있는지 생각해 보아야 한다.

어휘학습

容量 용량   *量 헤아릴 량
용기 안에 들어갈 수 있는 분량.
전지를 방전(放電)하여 끌어낼 수 있는 전기에너지 또는 전기량.

思議 사의   *議 의논할 의
생각하여 헤아림.
생각하여 평의(評議)함.

말씀 언	말씀 사	편안 안	정할 정
言	辭	安	定
말·말하다	말·거절	편안하다	정하다·바르다

[言辭安定 언사안정] 언제나 조용하고 올바르게 말을 해야 한다.

어휘학습　　　　　　　　　　▶言 6급　▶安 7급

言語 언어　　　＊語 말씀 어

음성 또는 문자를 수단으로 하여 사람의 사상 감정을 표현하고 의사를 전달하는 수단과 체계.

安眠 안면　　　＊眠 잠잘 면

편안히 잠을 잠.

도타울 독	처음 초	정성 성	아름다울 미
# 篤	# 初	# 誠	# 美
도탑다·독실하다	처음·첫	정성·진실	아름답다·예쁘다
丿 亠 ⺮ 笁 笁 筥 篤 篤	丶 ㇇ 才 礻 初 初	二 言 言 訂 訢 誠 誠	丶 ⺷ 羊 羊 美 美 美

[**篤初誠美** 독초성미] 어떤 일이든지 처음부터 성실하고 신중하게 하는 것은 아름다운 일이다.

➡ 어휘학습　　　　　　　　　　▶ 美 6급

初代 초대　　　*代 대신할 대	**美食** 미식　　　*食 밥 식
어떤 계통의 첫번째 차례 또는 그 사람의 시대.	좋은 음식이나 맛있는 음식.

삼갈 신	마칠 종	마땅할 의	하여금 령
愼	終	宜	令
삼가하다 · 정성스럽다	마치다 · 끝	마땅하다 · 옳다	하여금 · 명령
忄忄忄忄愼愼愼	乙幺系糸終終終	宀宀宀宜宜	丿人스今令

[愼終宜令 신종의령] 끝맺음을 정성스럽게 하면 당연히 훌륭하게 된다.

◆ 어휘학습

愼重 신중   *重 무거울 중

매우 조심스러움.

終務 종무   *務 일 무

맡아 보던 일을 끝냄.
관공서 등에서 연말에 그 해의 근무를
마무리 짓는 일.   반 始務 시무

영화 영	일 업	바 소	터 기
榮	業	所	基
영화·명예	일·직업	것·곳	터·기초
` ´ ´´ ´´´ ㅆ ㅆ 炊 熒 榮	⺌ ⺌⺌ ⺌⺌⺌ 业 业 業 業	` 厂 户 户´ 所 所 所	一 十 廿 甘 其 其 基 基

[榮業所基 영업소기] 벼슬아치가 되면 공적 쌓는 것을 그 바탕으로 삼아야 한다.

⇒ 어휘학습　　　　　　　　　　　▶ 業 6급

業界 업계　　　*界 지경 계
동일한 산업이나 상업에 종사하고 있는 사람의 사회.

企業 기업　　　*業 업 업
기초가 되는 사업, 대대로 전하여 오는 사업과 재산.

문서 적·떠들썩할 자	심할 심	없을 무	마칠 경
籍	**甚**	**無**	**竟**
문서·서적·호적	심하다·더욱	없다·아니다	마치다·다하다

[籍甚無竟 적심무경] 공적을 쌓은 벼슬아치는 그 명성이 길이 남을 것이다.

어휘학습

本籍 본적 　　*籍 서적 적
본적지. 그 사람의 호적이 있는 처소.
　　　　동 原籍 원적

無産 무산 　　*産 낳을 산
재산이나 직업이 없음.

배울 학	넉넉할 우	오를 등	벼슬 사
學	優	登	仕
배우다 · 학문	넉넉하다 · 뛰어나다	오르다 · 나아가다	벼슬 · 배우다

[**學優登仕** 학우등사] 학문이 뛰어나면 벼슬길에 오를 수 있다.

어휘학습

▶ 學 8급 ▶ 登 7급

學問 학문   *問 물을 문

배워서 익힘, 학예(學藝)를 수업함.
체계가 선 지식.

동 學識 학식

登錄 등록   *錄 기록할 록

문서에 글을 올림. 법률에서 일정한 권리 관계 또는 신분 관계를 법정(法定)의 공부(公簿)에 기재하는 일.

잡을 섭	벼슬 직	좇을 종	정사 정
攝	職	從	政
잡다·쥐다	벼슬·직분·사업	좇다·따르다	정사·바르게하다
一 十 扌 扩 打 拝 攝 攝	一 耳 耶 賂 職 職 職	ノ ク 彳 彳 谷 從 從 從	一 丁 下 正 正 政 政

[攝職從政 섭직종정] 학문이 뛰어나 벼슬길에 오르면 자리를 잡아서 정사를 돌볼 수 있다.

어휘학습

職分 직분 *分 나눌 분

직무상의 본분.
마땅히 해야 할 본분.

政治 정치 *治 다스릴 치

국가의 주권자가 그 영토 및 국민을 통치함.

있을 존	써 이	달 감	아가위·산사나무 당
存	以	甘	棠
있다·보존하다	~로써·까닭	달다	산사나무
一ナオ存存存	ノレ以以以	一十廿甘甘	一ツ半芦芦学棠棠

[存以甘棠 존이감당] 백성들이 산사나무를 잘 보존하였다.

어휘학습

存命 존명　　*命 목숨 명
목숨을 붙여 살아 있음.

甘心 감심　　*心 마음 심
괴로움·책망을 달게 여김 또는 그 마음.

갈 거	말이을 이	더할 익	읊을 영
去	而	益	詠
가다·지나다	말이음	이익·유익	읊다·노래하다
一十土去去	一厂厂丙而而	八公父谷益益	言言言訂訂詠

[去而益詠 거이익영] 소공이 죽은 뒤에는 시를 읊으며, 그의 덕을 기렸다.

◯ 어휘학습

去來 거래 *來 올 래

상인과 상인 또는 상인과 고객 사이에 금전을 대차하거나 물품을 매매하는 일.

益友 익우 *友 벗 우

유익한 벗.

반 損友 손우

풍류 악·즐거울 락	다를 수	귀할 귀	천할 천
樂	殊	貴	賤
음악·즐겁다·즐기다	다르다·지나가다	귀하다·높다	천하다
白 幺 丝 丝 独 樂 樂	一 ᄀ 歹 歺 歼 殊 殊	' 口 中 虫 卉 貴 貴	ㅣ 貝 貯 賎 賎 賎 賤

[樂殊貴賤 악수귀천] 풍류는 신분이 높고 낮음에 따라 다른 날에 즐겨야 한다.

➡ 어휘학습   ▶ 樂 6급

樂才 악재　　*才 재주 재
음악에 관한 재주나 능력.

貴石 귀석　　*石 돌 석
장신구로서 보석 다음으로 귀하게 여기는 돌.

예도 례	다를 별	높을 존	낮을 비
禮	別	尊	卑
예도·절·인사	다르다·나누다·이별	높다·공경하다	낮다·천하다
二 亍 禾 禮 禮 禮 禮	丨 口 口 另 另 別 別	八 ハ 个 酋 酋 酋 尊	亻 白 白 白 甶 卑 卑

[禮別尊卑 예별존비] 예절은 위사람과 아랫사람을 가려 다르게 지킨다.

➲ 어휘학습

▶ 別 6급

別名 별명 *名 이름 명

본 이름 외에 남들이 지어서 부르는 이름. 닉네임.

尊重 존중 *重 무거울 중

남의 의사를 높이고 중히 여김.

위 상	화할 화	아래 하	화목할 목
上	和	下	睦
위·높다·임금	사이좋다·알맞다	아래·낮다·떨어지다	친하다·공경하다
丨卜上	二千才禾和和	一丁下	丨冂目旷盯睦睦

[上和下睦 상화하목] 윗사람이 따뜻하게 이끌고 아랫사람은 공경하면 사이좋게 지내게 된다.

어휘학습   ▶上 7급 ▶下 7급

上位 상위   *位 자리 위
높은 위치, 높은 지위.

반 下位 하위

下向 하향   *向 향할 향
아래로 향함.

반 上向 상향

지아비 부	부를 창	아내 부	따를 수
夫	唱	婦	隨
남편·사내	부르다·노래하다	아내·며느리·여자	따르다
一 二 夫 夫	丨 口 叩 呵 呵 唱 唱	〈 〆 女 妒 妒 婦 婦	⺆ 阝 阝⁻ 阼 隋 隋 隨

[**夫唱婦隨** 부창부수] 아내는 남편이 이끄는 대로 따라야 한다.

◎ 어휘학습 ▶ 夫 7급

夫子 부자　　＊子 아들 자

덕행이 높아 모든 사람의 스승이 될 만한 사람에 대한 경칭.

夫婦 부부　　＊夫 지아비 부

남편과 아내, 결혼한 한 쌍의 남녀.

바깥 외	받을 수	스승 부	가르칠 훈
外	受	傅	訓
바깥·밖	받다	스승	가르치다·안도하다
丿ク夕外外	爫爫爫爫受受	亻亻仁伊倶傅	言言訁訓訓

[外受傅訓 외수부훈] 밖에 나가서는 스승의 가르침을 받아 잘 지켜야 한다.

어휘학습   ▶外 8급 ▶訓 6급

外役 외역   *役 부릴 역
밖에 나가서 하는 노동.

동 外征 외정

訓練 훈민   *練 익힐 련
가르쳐서 어떤 일을 익힘.
일정한 목표 또는 기준에 도달케 하기 위하여 실천시키는 실제적 활동.

들 입	받들 봉	어미 모	거동 의
入	奉	母	儀
들어오다 · 넣다	받들다 · 봉양하다	어머니	거동 · 모양
ノ入	一二三丰夫去奉	乚ㄇ马母母	亻亻亻仟佯儀儀

[入奉母儀 입봉모의] 안에 들어와서는 어머니의 몸가짐을 본받아야 한다.

◉ 어휘학습　　　　　　　　　　　▶ 入 7급　▶ 母 8급

入門 입문　　　*門 문 문

어떤 학문에 처음으로 들어감.
역사적으로는 과거 때, 유생이 과거시험장으로 들어가던 일.

母系 모계　　　*系 이을 계

어머니 쪽의 계통.

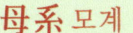 父系 부계

모두 제	시어미 고	맏 백	아재비 숙
諸	姑	伯	叔
모두 · 모으다	시어머니 · 고모	맏이 · 큰아버지 · 백부	작은아버지 · 숙부
冫 言 言 詝 諸 諸	ㄑ 夂 女 女 姁 姑	丿 亻 亻 亻 伯 伯 伯	丨 卜 才 木 叔 叔

[**諸姑伯叔** 제고백숙] 모든 고모와 큰아버지, 작은 아버지는 친척이다.

▶ 어휘학습

諸人 제인　　　＊人 사람 인

모든 사람, 많은 사람.

伯母 백모　　　＊母 어미 모

큰어머니.

같을 유	아들 자	견줄 비	아이 아
猶	子	比	兒
같다·오히려	아들·자식	견주다·비교하다	아이·어리다
ノ丁孑犭狁猶猶	了子	一トヒ比	丶丶丶白白兒

[猶子比兒 유자비아] 조카도 자기 자식처럼 여겨 아껴야 한다.

◎ 어휘학습

猶子 유자　　＊子 아들 자

조카. 편지에서 나이 많은 삼촌에게 자기를 일컫는 말.

兒女 아녀　　＊女 계집 녀

어린이와 여자.
여자를 낮추어 평가하여 이르는 말.

구멍 공	품을 회	맏 형	아우 제
孔	懷	兄	弟
구멍·매우	품다·생각하다	맏이·형	아우·동생
丶了孑孔	丶忄忄㤙㤙懷	丨口口尸兄	丶丷푀兯弟弟

[孔懷兄弟 공회형제] 형제는 서로 사랑하며 사이좋게 지내야 한다.

▶ 어휘학습

▶ 兄 8급 ▶ 弟 8급

兄嫂 형수　　*嫂 형수 수

형의 아내.

　　동 季嫂 계수

弟妹 제매　　*妹 누이 매

남동생과 여동생.

같을 동	기운 기	이을 련	가지 지
同	氣	連	枝
같다 · 함께	기운 · 날씨	잇다 · 연하다	가지 · 흩어지다
丨 冂 冂 同 同 同	气 气 気 氣 氣 氣	一 丂 百 亘 車 車 連	一 十 才 木 木 枋 枝

[同氣連枝 동기연지] 형제는 부모의 기운을 같이 받았으므로, 나무의 가지와 같다.

어휘학습

▶同 7급 ▶氣 7급

同種 동종   *種 씨 종
같은 종류, 같은 인종.

氣勝 기승   *勝 이길 승
억척스럽고 굳세어서 좀처럼 남에게 굽히지 않음.

사귈 교	벗 우	던질 투	나눌 분
交	友	投	分
사귀다·주고받다	벗·친구·우애	던지다·버리다	나누다·분별하다
、一ナ六亥交	一ナ友友	一十扌扌扚投投	丿八分分

[**交友投分** 교우투분] 친구를 사귈 때에는 아낌없이 자기 몫을 버리며 서로 나누어야 한다.

▶ 어휘학습   ▶ 交 6급

交流 교류   *流 흐를 유

물이 서로 섞여서 흐르는 물.
서로 사귀어 주고 받고 함.

友情 우정   *情 뜻 정

친구 사이의 정.

동 友愛 우애

끊을 절	갈 마	경계 잠	법 규
切	摩	箴	規
끊다·새기다	갈다	경계하다·바늘	법
一 𠃌 切切	广 庐 麻 麻 磨 磨	′ 𥫗 𥫗 筙 筬 箴	二 夫 尹 却 却 規 規

[切摩箴規 절마잠규] 친구끼리는 서로 학문과 덕행을 열심히 갈고 닦아서 바르게 잡아 주어야 한다.

◐ 어휘학습

切迫 절박　　*迫 닥칠 박

여유가 없어 다급한 느낌.

規則 규칙　　*則 법칙 칙

정해놓은 규범이나 원칙

반 不規則 불규칙

어질 인	사랑할 자	숨을 은	슬플 측
仁	慈	隱	惻
어질다 · 착하다	사랑 · 인자하다	숨다	슬프다 · 불쌍히 여기다
ノイイ仁	〝产兹兹慈慈	阝阝阝陘隱隱	忄忄忄忄忄忄惻

[仁慈隱惻 인자은측] 남을 사랑하고 불쌍히 여기는 착한 마음을 가져야 한다.

어휘학습

仁義 인의　　*義 옳을 의
사람으로서 마땅히 지켜야 할 의리.

隱逸 은일　　*逸 달아날 일
세상을 피해 숨음 또는 그 사람.
숨은 학자로서 임금이 특별히 벼슬을 준 사람.

지을 조	버금 차	아닐 불	떠날 리
造	次	弗	離
짓다 · 만들다	버금 · 다음 · 차례	아니다 · 어기다 · 버리다	떠나다 · 지나다
丶亠井井牛告告造	丶丷丬汋次	一丆弓弔弗	亠离离鄱離離

[造次弗離 조차불리] 착한 마음을 잠깐이라도 잊거나 버려서는 안 된다.

● 어휘학습

造化 조화 　　*化 될 화

대자연이 만물을 생성하고 또 멸망시키고 하는 이치.

次例 차례 　　*例 법식 예

둘 이상의 것이 서로 이어지는 관계나 그 자리.
글 · 책 같은 것에서 적어 놓은 항목.

마디 절	옳을 의	청렴 렴	물러갈 퇴
節	義	廉	退
마디·절개·절제	옳다·정의·의리	청렴하다·맑다	물러가다·물리치다

[節義廉退 절의염퇴] 절개와 의리, 청렴함, 물러남은 늘 지켜야 한다.

어휘학습

節約 절약 *約 묶을 약
아끼어서 비용을 내지 않고 꼭 필요한 데에만 씀, 아껴씀.

退學 퇴학 *學 배울 학
학생이 졸업 전에 다니던 학교를 그만둠 또는 그만두게 함.

엎드러질 전	자빠질 패	아닐 비	이지러질 휴
顚	沛	匪	虧
엎어지다 · 이마	자빠지다 · 쏟아지다	아니다 · 악하다	이지러지다 · 줄다
𠂉 𠂉 𠂉 眞 眞 顚 顚	丶 丶 氵 氵 汁 沛	一 丆 丯 罪 非 匪 匪	广 卢 虍 雇 雇 虧

[顚沛匪虧 전패비휴] 절개와 의리, 청렴함, 물러남은 엎어지고 자빠지는 때에도 잊어서는 안된다.

◎ 어휘학습

顚倒 전도   *倒 넘어질 도

엎어져서 넘어짐.
위와 아래를 바꾸어서 거꾸로 함.

匪賊 비적   *賊 도둑 적

무기를 가지고 떼를 지어 다니면서 남을 해치는 도둑.

성품 성	고요할 정	뜻 정	편안할 일
性	靜	情	逸
성품·마음·바탕	고요하다·조용하다	뜻·마음 속	편안하다·달아나다

[性靜情逸 성정정일] 성품이 조용하면 마음이 편하다.

어휘학습

性格 성격 *格 바로잡을 격
각 개인이 가지고 있는 특유한 성질. 어떤 사물이나 현상이 지니고 있는 성질이나 경향.

情熱 정열 *熱 더울 열
불일 듯 맹렬히 일어나는 감정, 열띤 감정.
동 熱情 열정

마음 심	움직일 동	귀신 신	고달플 피
心	動	神	疲
마음·가운데	움직이다	귀신·정신	고달프다·피곤하다
丶 心 心 心	二 𠂉 𠂊 𠂋 重 動 動	二 亍 ネ 𥘉 𥘎 𥘏 神	广 疒 疒 疒 疒 疲 疲

[心動神疲 심동신피] 마음이 움직여 흔들리면 피곤해진다.

어휘학습 ▶心 7급 ▶動 7급

心思 심사   *思 생각 사

남이 하는 일에 방해하려는 고약한 마음보.

動力 동력   *力 힘 력

자연에 있는 에너지를 공업에 쓰려고 원동기로 기계적인 일로 바꾸는 능력. 열·전기 또는 물·바람 등의 힘이 근원이 된다. 어떠한 물체를 움직이게 하는 힘.

지킬 수	참 진	뜻 지	찰 만
守	眞	志	滿
지키다·보살피다	참·근본	뜻·기록하다	차다·가득하다
丶宀宀守守	匕旨直眞眞	一十士志志志	氵汁汁浩滿滿滿

말풍선: 진리를 지키면 / 뜻이… / 충만!

[守眞志滿 수진지만] 참된 도리를 지키면 올바른 뜻이 가득 찬다.

➡ 어휘학습

守防 수방   *防 둑 방
지키고 막는 일.
동 防衛 방위

眞實 진실   *實 열매 실
거짓이 없고 참됨.

쫓을 축	만물 물	뜻 의	옮길 이
逐	物	意	移
쫓다·물리치다	만물·물건·재물	뜻·생각	옮기다·변하다
 一丆亐豕豕豕逐逐	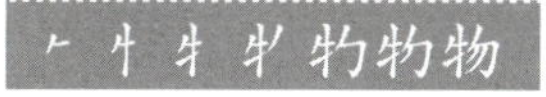 丶 十 牛 牜 牞 物 物 物	 二 亠 产 产 产 音 音 意	 二 千 禾 矛 矛 移 移 移

[逐物意移 축물의이] 재물을 좇는 욕심은 생각을 바뀌게 한다.

➡ 어휘학습   ▶物 7급 ▶意 6급

物慾 물욕   *慾 욕심 욕

금전·물건을 탐내는 마음.

意識 의식   *識 알 식

심적 생활을 다른 것과 구별하는 특징. 역사적·사회적으로 규정되는 사상·감정·이론·견해 등을 일컫는 말.

굳을 견	가질 지	바를 아	잡을 조
堅	持	雅	操
굳세다 · 반드시	가지다 · 잡다	바르다 · 떳떳하다	잡다 · 지조

[堅持雅操 견지아조] 맑고 바른 지조를 굳게 지켜야 한다.

◎ 어휘학습

持續 지속　　＊續 이을 속

끊임없이 계속해 지녀 나감.

操作 조작　　＊作 지을 작

사물을 자기에게 편리하게 만들기 위하여 조종함.

좋을 호	벼슬 작	스스로 자	얽어맬 미

좋다·사귀다	벼슬·술잔	스스로·저절로	얽어매다
ㄑ ㄑ 女 女 好 好	´ ´´ ㎛ ㊀ 爵 爵 爵	´ 亻 ㎕ ㎕ 自 自	一 广 庐 庵 麻 麿 縻

[**好爵自縻** 호작자미] 지조를 굳게 지키면 좋은 벼슬자리가 저절로 온다.

◯ 어휘학습

▶ 自 7급

好手 호수　　＊手 손 수

기술이 뛰어남 또는 그 사람.
바둑·장기 등에서 잘 두는 수.

自立 자립　　＊立 설 립

남의 힘이나 도움을 빌리지 않고 스스로 해 나가는 것.

도읍 도	고을 읍	빛날 화	여름 하
都	邑	華	夏
도읍·서울·도회지	고을·마을	빛나다·화나라	여름·하나라
一 十 丰 者 者 都 都	丨 口 丹 呂 吕 邑	一 十 艹 芒 萱 華	一 丆 丙 百 頁 夏 夏

[都邑華夏 도읍화하] 도읍을 화하에 정하였다.

어휘학습

▶ 夏 7급

都市 도시　　*市 저자 시

정치·경제·문화의 중심이 되며 많은 인구가 모여 사는 곳

夏至 하지　　*至 절기 지

24절기의 하나. 망종과 소서 사이로 양력 6월 21일이나 22일이 된다. 하지선에 이르면 북반구에서는 낮이 가장 길고 밤이 가장 짧다  冬至 동지

  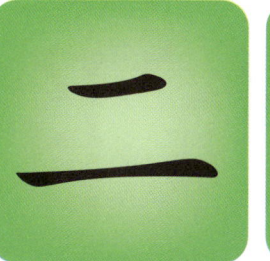 

동녘 동	서녘 서	둘 이	서울 경
東	西	二	京
동쪽	서쪽	둘·두 번·거듭	서울·크다
一 厂 厂 闩 車 東東	一 厂 厂 两 西 西	一 二	丶 亠 宀 古 古 京 京

[**東西二京** 동서이경] 도읍은 동경과 서경 두 곳이 있다.

◎ 어휘학습   ▶東 8급 ▶西 8급

東夷 동이   *夷 오랑캐 이

동쪽의 오랑캐. 중국 사람들이 그들의 동쪽에 있는 족속들을 멸시하여 일컫던 말. 곧 일본·만주·한국 등을 가리킴.

西洋 서양   *洋 바다 양

동양에서 유럽과 아메리카주의 여러 나라를 이르는 말.

반 東洋 동양

등 배	뫼 망	낯 면	물 락
背	邙	面	洛
등·뒤	북망산	얼굴·앞·향하다	물·낙수·흐르다
丿 亅 圠 北 背 背	、亠 亡 辶 邙	一 丆 丙 面 面 面	氵 沪 沙 汶 洛 洛

[背邙面洛 배망면락] 동경인 낙양은 북망산을 뒤로 하고 앞으로는 낙수를 접하고 있다.

어휘학습

背景 배경　　*景 볕 경

뒤의 경치, 무대의 뒤쪽 벽에 꾸며 놓은 장치. 그림·사진 등에서 그 주요 제재. 배후의 부분.

洛陽 낙양　　*陽 볕 양

석양(夕陽), 저녁볕.

뜰 **부**	물이름 **위**	의지할 **거**	물이름 **경**
浮	渭	據	涇
뜨다 · 떠내려가다	물이름	의지하다 · 웅거하다	물이름 · 통하다

- 경수는 탁류 위수는 청류라 하는데
- 사물의 구별이 확실함을 비유하는 말이야
- 그런 뜻이구나
- 역시

[浮渭據涇 부위거경] 서경인 장안은 위수가 위에 흐르고 경수에 기대고 있다.

◎ 어휘학습

根據 근거   *根 뿌리 근

사물의 토대.
의론 등에 그 근본이 되는 사실.
근거지.

涇渭 경위   *渭 강이름 위

사리의 옳고 그름이나 이러하고 저러함의 분별.
중국 경수의 강물은 흐리고 위수의 강물은 맑아 뚜렷이 구분된다는 데서 나온 말임.

집 궁	전각 전	소반 반	답답할 울
宮	殿	盤	鬱
집·궁궐	전각·대궐	받침·쟁반·바탕	답답하다·빽빽하다
宀宀宁宫宫宮宮	尸尸屈展殿殿	厂 月 舟 舟 般 般 盤	林 楙 鬱 鬱 鬱

우와~ 궁궐이다!

엄청나게 크다

[**宮殿盤鬱** 궁전반울] 궁과 전은 빈틈없이 빽빽이 늘어서 있다.

◐ 어휘학습

宮闕 궁궐　　*闕 대궐 궐

임금이 거처하는 집.
대궐.

殿閣 전각　　*閣 문설주 각

임금이 거처하는 궁전.
궁전과 누각.

다락 루	볼 관	날 비	놀랄 경
樓	觀	飛	驚
다락 · 봉우리	보다 · 대궐 · 구경	날다	놀라다 · 두려워하다
一 十 十 朴 柑 柑 樓 樓	艹 苎 芦 萨 蓷 藋 觀 觀	乁 飞 飞 飞 飛 飛 飛	艹 芍 苟 敬 警 驚 驚

사방을 볼 수 있도록 높이 지은 집을 말하는 거야

[樓觀飛驚 누관비경] 누각과 관대는 하늘로 날아오를 듯이 솟아 있다.

◐ 어휘학습

樓閣 누각   *閣 문설주 각
사방이 탁 트이게 높이 지은 다락집.
이층이나 삼층으로 지은 한옥.

飛行 비행   *行 갈 행
공중으로 날아가거나 날아다님.

그림 도	베낄·그릴 사	새 금	짐승 수

그림·꾀하다	베끼다·본뜨다	새·날짐승	짐승·길짐승
丨冂冂冈周圖圖	宀宀宁宇寫寫	人人今今舍舍禽禽	吅吅嚣嚣獸獸

[圖寫禽獸 도사금수] 궁전 안의 벽에는 새와 짐승의 그림이 그려져 있다.

어휘학습

▶ 圖 6급

圖案 도안   *案 책상 안

무엇을 만들거나 꾸미기 위하여 고안하여 그려낸 것.

寫實 사진   *實 열매 실

실물의 모양을 그대로 그려 냄.
카메라로 물체의 형상을 찍는 일.
카메라로 찍은 형상 곧 인화지 등에 밀착한 양화.

그림 화 · 그을 획	채색 채	신선 선	신령 령
畫	彩	仙	靈
그림 · 긋다 · 나누다	채색 · 아름답다 · 빛나다	신선 · 가볍게 날다	신령 · 영혼
一 ㄱ ㅋ 클 聿 書 畵 畫	´ ㅛ ㅛ 平 采 彩 彩	ノ 亻 仈 仙 仙	雨 雷 霝 霝 靈 靈

[畫彩仙靈 화채선령] 신선과 신령스러운 것도 색칠하여 아름답게 그렸다.

○ 어휘학습 ▶ 畵 6급

畫報 화보   *報 갚을 보

여러 가지 일을 그림으로 그리거나 사진을 찍어 발행한 책자 또는 인쇄물.

仙丹 선단   *丹 붉은 단

장생불사하고 신선이 된다는 영약.
선약. 단약. 금단.

남녘 병	집 사	곁 방	열 계
丙	舍	傍	啓
남녘	집	곁·의지하다	열다·가르치다·여쭙다
一 ㄧ 丆 丙 丙	ノ 人 ㅅ ㅅ 全 舍 舍	亻 亻' 亻" 倅 倅 傍 傍	丶 戶 户 所 政 啓 啓

[丙舍傍啓 병사방계] 신하가 머무는 곳은 궁전 양옆으로 나란히 두었다.

◐ 어휘학습

丙種 병종 *種 씨 종
병과의 종류. 군인의 종류 육군·해군·공군·해병대 따위.

舍宅 사택 *宅 집 택
거주하는 '집'의 존칭.

갑옷 갑	장막 장	대할 대	기둥 영
甲	帳	對	楹
갑옷·첫째	휘장·장막	대하다·마주 보다	기둥
丨 冂 日 日 甲	冂 巾 忄 帄 帳 帳	业 业 业 丵 對 對	一 十 木 杉 柊 楹 楹

[甲帳對楹 갑장대영] 아름다운 휘장은 두 기둥 사이에 드리워져 있다.

어휘학습

甲夜 갑야　　　*夜 밤 야

'초경(初更)'을 오야(五夜)의 하나로 이르는 말(오후 7시부터 9시까지).

對面 대면　　　*面 낯 면

서로 얼굴을 마주 대함.
직접 만남.

베풀 사	자리 연	베풀 설	자리 석
肆	筵	設	席
베풀다·갖추다	자리	베풀다·만들다	자리·깔다

[肆筵設席 사연설석] 자리를 펴고 연회석을 만들었다.

어휘학습

▶ 席 6급

設置 설치 *置 둘 치
어떤 목적에 유용하게 쓰기 위하여 기관·설비 등을 만들어서 두는 일.

坐席 좌석 *座 자리 좌
앉는 자리.
깔고 앉는 자리 종류를 통틀어 일컬음.

북 고	비파 슬	불 취	생황 생
鼓	瑟	吹	笙
북·북을 치다	비파	불다·숨쉬다	생황·대자리
一十士吉吉壴鼓鼓鼓	一王珏珏琴瑟瑟	丨口口吵吵吹	ノ人人竹竹竺笙笙

[鼓瑟吹笙 고슬취생] 비파를 뜯고 생황을 불며 잔치를 벌였다.

어휘학습

吹笛 취적　　*笛 피리 적

피리를 붊.

笙簧 생황　　*簧 대숲 황

관악기의 일종.

오를 승	섬돌 계	들일 납	섬돌 폐
陞	階	納	陛
오르다·올리다	섬돌·층계	들이다·바치다	섬돌

[陞階納陛 승계납폐] 여러 신하들이 층계를 올라 궁전으로 들어갔다.

🔶 어휘학습

階段 계단   *段 구분 단

층층대.
일을 하는 데 밟아야 할 순서.

納付 납부   *付 줄 부

세금·공과금 따위 혹은 돈이나 물품을 내고 들이는 것.

고깔 변	구를 전	의심할 의	별 성
弁	轉	疑	星
고깔·즐겁다	구르다·돌아눕다	의심하다·두려워하다	별·세월
㇒ㅅㅗ亠弁	口曰車軒轉轉轉	㇒ㄴ⺊矢矣疑疑	一冂日旦早星星

[**弁轉疑星** 변전의성] 신하들이 쓴 관의 구슬들이 별처럼 반짝였다.

⚫ 어휘학습

轉向 전향　　*向 향할 향

방향을 바꿈.
현실 사회와 배치되는 자기의 사상을 그 사회와 맞게 바꿈.　동 轉換 전환

疑惑 의혹　　*惑 미혹할 혹

의심하여 분간하지 못함 또는 그런 생각.

오른 우	통할 통	넓을 광	안 내
右	通	廣	內
오른쪽	통하다·다니다	넓다·크다	안·속
ノナ大右右	マ マ 月 甬 涌 通	广广产产庐庐廣	∣冂内内

우측으로 가자

그 쪽은 광내로 가는 거야

나 강시

[右通廣內 우통광내] 층계의 오른쪽은 광내전으로 통하였다.

어휘학습

▶右 7급 ▶內 7급

右側 우측 　　*側 곁 측

오른쪽.

반 左側 좌측

內部 내부 　　*部 거느릴 부

안에 해당하는 부분.

반 外部 외부

왼 좌	통달할 달	이을 승	밝을 명
# 左	# 達	# 承	# 明
왼쪽	통달하다 · 깨닫다	잇다 · 받들다	밝다 · 분명하다
ノ ナ 大 左 左	一 十 士 查 幸 幸 達	一 了 了 手 尹 承 承	丨 冂 日 日 旷 明 明

좌측으로 가면 휴게실이 나온다

매점?

[左達承明 좌달승명] 층계의 왼쪽은 승명려에 닿았다.

어휘학습

▶ 左 7급   ▶ 明 6급

左側 좌측   *側 곁 측

왼쪽.

 右側 우측

明言 명언   *言 말씀 언

사리에 들어맞는 훌륭한 말.
널리 알려진 말.

이미 기	모을 집	무덤 분	법 전
旣	集	墳	典
이미·끝나다	모으다·이루다	무덤·책 이름	법·본보기
 丿白自自皀旣旣	 亻亻亻佯佳隹隼集	 一十土坆坆墳墳	 丨冂曲曲曲典典

[旣集墳典 기집분전] 승명려에는 이미 「분전」 같은 책을 모아 놓았다.

어휘학습

▶ 集 6급

集結 집결　　　*結 맺을 결
한군데로 모여서 뭉침 또는 한 자리에 모임.

古典 고전　　　*古 옛 고
옛날의 의식이나 법식이나 옛 전례. 옛날의 작품이나 문헌.

또 역	모을 취	무리 군	꽃부리 영
亦	聚	群	英
또·어조사	모으다·많다	무리·떼	꽃부리·영웅·아름답다
丶亠广亣亦	一丆耳耴取聚聚	彐尹君君群群	艹苎苗英英

[亦聚群英 역취군영] 뛰어난 사람들을 모아 「분전」을 함께 읽고 토론하였다.

◎ 어휘학습 ▶ 英 6급

群生 군생   *生 날 생

많은 생물. 많은 백성.
식물 등이 한데 모여 남.

英雄 영웅   *雄 수컷 웅

지력과 재능 또는 담력·무용 등에 특히 뛰어나서 대업을 성취할 대기(大器) 또는 그런 사람.

닫을 두	짚 고	쇠북 종	종 례
杜	藁	鍾	隷
닫다·막다	볏짚·글	종	글씨체·종
一十才木木朴杜	艹艹艹芦芦萬萬藁	丿𠂉金𨥼鈩鋪鍾鍾	一十丰耒耒耒隷隷

[**杜藁鍾隷** 두고종례] 글씨로는 두백도의 초서와 종요의 예서가 있었다.

◆ 어휘학습

杜沖 두충   *沖 빌 충

두충과의 낙엽 교목. 높이 20m. 봄에 잔 꽃이 핌. 나무껍질을 자르면 백색의 고무질 유즙이 나옴. 껍질은 약용.

鍾情 종정   *情 뜻 정

따뜻한 사랑을 한 쪽으로 모음. 몹시 사랑함.

옻 칠	글 서	벽 벽	경서 경
漆	書	壁	經
옻·캄캄하다	글·쓰다·글씨체	벽	경서·글·법

[**漆書壁經** 칠서벽경] 글로는 옻칠 글씨인 과두와 벽 속에서 나온 「경서」를 두었다.

◐ 어휘학습   ▶ 書 6급

書類 서류   *類 무리 류

어떤 내용을 적은 문서.
특히 사무에 관한 문서.

經典 경전   *典 법 전

변하지 않는 법식과 도리. 성인이 지은
글 또는 성인의 말과 행실을 적은 글.

마을 부	벌일 라	장수 장	서로 상
府	羅	將	相
마을·창고	벌이다	장수·장군·장차	서로·돕다·정승
亠广广疒庄府府	罒罒罖罖罖羅	丬爿丬爿爿將將	一十木木和相相

[府羅將相 부라장상] 관청에는 장군과 정승이 늘어서 있다.

어휘학습

政府 정부 　　　*政 정사 정

나라의 통치권을 행사하는 입법·행정·사법의 세 기관.

將帥 장수 　　　*帥 장수 수

군사를 거느리고 지휘하는 우두머리.

길 로	낄 협	홰나무 괴	벼슬 경
路	俠	槐	卿
길	끼다·겸하다	홰나무·느티나무	벼슬·스승
口 묘 프 趵 趵 路 路	亻 亻 亻 亻 侠 俠 俠	一 木 术 机 柛 槐 槐	𠃍 𠂉 𠂉 卯 卯 卿 卿

옛날이나 지금이나 벼슬하는 사람들은

모두 큰 집에서 잘 살았어

이 집 개는 잘 먹겠다

[路俠槐卿 노협괴경] 큰 길은 벼슬아치의 집을 끼고 있다.

어휘학습

▶ 路 6급

路引 노인　　*引 끌 인

관청에서 병졸이나, 보통 장사치에게 내주던 여행권.

狹路 협로　　*路 길 로

좁은 길.

동 小路 소로

지게문 호	봉할 봉	여덟 팔	고을 현
戶	封	八	縣
집	봉하다 · 닫다 · 무덤	여덟	고을 · 마을
丶 厂 戶 戶	一 土 土 圭 圭 封 封	丿 八	日 且 県 県 県 縣 縣

[戶封八縣 호봉팔현] 임금의 친척이나 공신에게는 여덟 마을을 주어 살게 하였다.

어휘학습

▶ 八 8급

戶口 호구   *口 입 구

집과 식구.
호수(戶數)와 식구 수.

八音 팔음   *音 소리 음

아악에 쓰는 여덟 가지 악기.
곧 금(金) · 석(石) · 사(絲) · 죽(竹) · 포(匏) · 토(土) · 혁(革) · 목(木) 또는 그 소리.

집 가	줄 급	일천 천	군사 병

집·가문	주다·넉넉하다	천	군사
丶宀宀宁宇宇家家	幺 糸 糸 糹 給 給 給	一 二 千	一 厂 斤 斤 丘 乒 兵

[**家給千兵** 가급천병] 공신에게는 1,000명의 병사를 주어 집을 지키게 하였다.

◐ 어휘학습　　　　　　　　▶家 7급　▶千 7급

家族 가족　　　＊族 겨레 족

아버지·어머니와 자식, 부부 등으로 한 집안을 이루는 사람들.

千秋 천추　　　＊秋 가을 추

썩 오랜 세월, 먼 미래.

높을 고	갓 관	모실 배	손수레 련
高	冠	陪	輦
높다·위	갓·관·어른이 되다	모시다·돕다	왕이 타는 수레
亠亠亠高高高	冖冖冖冠冠冠	阝阝阝陪陪陪	圭圭𡗜替替輦

[高冠陪輦 고관배련] 공신은 높은 갓을 쓰고 왕의 수레를 따라 갔다.

어휘학습

▶ 高 6급

高級 고급   *級 등급 급

높은 계급이나 등급.

[반] 低級 저급

陪審 배심   *審 살필 심

소송을 심리하는 데 배석함.
자리를 함께 하여 형사소송의 심리에 참여함.

몰 구	바퀴통 곡	떨칠 진	갓끈 영
驅	轂	振	纓
몰다·쫓아 내다	바퀴	떨치다·움직이다	갓끈·얽히다
ㅣ ㅏ 馬 馬 馴 駆 驅	士 壹 壹 壹 轂 轂	一 扌 扩 拊 振 振	幺 糸 糸 紬 纓 纓 纓

[**驅轂振纓** 구곡진영] 수레를 빨리 몰자 갓끈이 휘날렸다.

◎ 어휘학습

驅迫 구박　　＊迫 닥칠 박
못 견디게 학대함.

振動 진동　　＊動 움직일 동
흔들려 움직임.
물체가 일정한 점을 중심으로 하여 두 쪽으로 오락가락하는 운동.

인간 세	녹 록	사치할 치	부자 부
世	祿	侈	富
인간·세상·대대로	녹봉·급료	사치하다·풍부하다	부자·넉넉하다
一十卅世世	二千禾禾禾袜袜祿	亻亻亻仫侈侈侈	宀宁宫宫富富

[世祿侈富 세록치부] 공신은 대대로 녹을 받아 사치스럽고도 부유했다.

어휘학습

▶ 世 7급

世界 세계　*界 지경 계
지구상의 모든 나라. 온 세상.
불교에서는 널리 중생의 삶을 영위하는 범위. 우주, 곧 일체의 존재와 현상의 총체.

富貴 부귀　*貴 귀할 귀
재산이 넉넉하고 지위가 높음.

반 貧賤 빈천

수레 거·성 차	멍에할 가	살찔 비	가벼울 경
車	駕	肥	輕
수레	수레·임금이 탄 수레	살찌다·거름	가볍다·업신여기다
一 厂 戸 百 亘 車	フ カ 加 加 智 駕 駕	ノ 刀 月 月 月" 肥 肥	一 亘 車 車 輕 輕

[車駕肥輕 거가비경] 공신의 말은 살이 쪘고 수레는 가벼웠다.

⚪ 어휘학습

車線 차선　　　*線 줄 선

한 대의 차량이 다닐 수 있는 너비로 도로에 그어 놓은 선.

肥滿 비만　　　*滿 찰 만

몸에 기름기가 많아 살이 찌고 뚱뚱함.

꾀 책	공 공	무성할 무	열매 실
策	功	茂	實
꾀·채찍	공·공로	무성하다·풀이 우거지다	열매·사실·충실하다
ノ ㅅ 竹 竺 笛 笛 策 策	一 丁 工 功 功	一 十 艹 产 茂 茂	宀 宁 宙 宙 實 實 實

[策功茂實 책공무실] 공신의 공을 기록한 것이 많고 충실하였다.

어휘학습

▶ 功 6급

功臣 공신   *臣 신하 신

나라를 위해 공을 세운 신하.
공로가 있는 부하.

實驗 실험   *驗 증험할 험

실제로 시험함. 자연과학의 한 방법.
자연 현상에 인위를 가하여 변화를 일으켜서
관찰을 용이하게 하여 바르게 하는 데 목적.

새길 륵	비석 비	새길 각	새길 명
勒	碑	刻	銘
새기다	비석·비	새기다·긁다	새기다·기록하다
一廾㔾苩革革靪勒	丆石矴矿砷碑碑	丶亠宀亥亥亥刻	丿𠂉仐金釒釤鉻銘

[**勒碑刻銘** 늑비각명] 비석을 세우고 글을 새겨서 공신의 공적을 기렸다.

◉ 어휘학습

碑石 비석　　　＊石 돌 석

돌에 비문을 새긴 빗돌.
석조로 된 비.

동 石碑 석비

銘心 명심　　　＊心 마음 심

마음 속에 새겨 둠.

동 刻心 각심, 銘肝 명간

돌 반	시내 계	저 이	다스릴 윤
磻	溪	伊	尹
돌·강 이름	시내·활 이름	저·이·어조사	다스리다·바르다
厂石石矿矿磻磻	氵氵沪滔滔溪	ノイ伊伊伊伊	フユヨ尹

[**磻溪伊尹** 반계이윤] 문왕은 반계에서 강태공을 맞아들였고, 탕왕은 신야에서 이윤을 맞아들였다.

▶ 어휘학습

溪友 계우   *友 벗 우

세상을 등지고 산골짜기에서 은거하는 벗.

伊時 이시   *時 때 시

그때.

도울 좌	때 시	언덕 아	저울대 형
佐	時	阿	衡
돕다	때·끼니	언덕·벼슬 이름	저울·벼슬 이름
ノイイ仕佐佐	丨日日旷昨時時	〝阝阝阿阿阿阿	彳彳犭卻徢徸衡

[佐時阿衡 좌시아형] 위급한 때에 공을 세워 아형의 벼슬에 올랐다.

어휘학습

▶ 時 7급

補佐 보좌   *補 기울 보

지위가 높은 상관을 도와 일을 처리함.

時間 시간   *間 사이 간

어떤 시각과 시각과의 사이.
철학에서는 과거·현재·미래가 내리 무한하게 유전하여 연속하는 것.

문득·오랠 엄	집 택	굽을 곡	언덕 부
奄	宅	曲	阜
문득·매우	집·자리	굽다·가락	언덕·둔덕
一ナ大大夲夲奄	丶宀宀空宅	丨冂冂曲曲曲	𠂉𠂉𠂉𠂉𠂉𠂉阜

[奄宅曲阜 엄택곡부] 주공의 공로에 보답하려고 곡부에 큰 집을 지어 주었다.

어휘학습

宅診 택진   *診 볼 진
의사가 자기 집에서 남의 병을 진찰함.
반 往診 왕진

作曲 작곡   *作 지을 작
악곡을 지음 또는 그 악곡.

작을 미	아침 단	누구 숙	지을 영
微	旦	孰	營
작다·가늘다·희미하다	아침·새벽·일찍	누구·어느	짓다·경영하다·다스리다
彳彳彳微微微	丨冂日日旦	亠言享享孰孰孰	丷丷𦰩𦰩營營營

[微旦孰營 미단숙영] 주공이 아니고는 어느 누구도 큰일을 해낼 수 없었다.

◎ 어휘학습

微物 미물　　　＊物 만물 물

변변하지 못하고 작은 물건. 변변하지 못한 사람을 비유적으로 이르는 말. 썩 자질구레한 벌레.

營業 영업　　　＊業 업 업

영리(營利)를 목적으로 행하는 사업.

굳셀 환	귀인 공	바로잡을·바를 광	모을·합할 합
桓	公	匡	合
굳세다	귀인·벼슬 이름·언론	바르다·바로잡다	모으다·합하다·같다
一十木才栌桓桓	丿八公公	一丁丆歹歹匡	丿人人仒合合

[桓公匡合 환공광합] 환공은 천하를 바로잡고 통일시켰다.

어휘학습   ▶公 6급 ▶合 6급

公人 공인   *人 사람 인

국가나 사회를 위해 일하는 사람.
공직(公職)에 있는 사람.

반 私人 사인

合併 합병   *併 아우를 병

둘 이상의 단체나 조직, 국가 등을 합쳐서 하나로 만듦.

동 併合 병합

건널 제	약할 약	도울 부	기울어질 경
濟	弱	扶	傾
건너다 · 건지다	약하다 · 어리다	돕다 · 붙들다	기울어지다 · 무너지다
氵氵氵汐泌濟濟	弓弓弓引弱弱	一十才才扩扶扶	亻亻化仃価傾傾

[濟弱扶傾 제약부경] 환공은 약한 사람을 돕고 기울어지는 나라를 일으켰다.

어휘학습

▶ 弱 6급

弱骨 약골 *骨 뼈 골
몸이 약한 골격 또는 그런 사람.

扶助 부조 *助 도울 조
남의 큰일에 돈이나 물건 등으로 도와 줌.

비단 기	돌아올 회	한수 한	은혜 혜
綺	回	漢	惠
비단·아름답다	돌아오다·회복하다	물 이름·나라 이름	은혜·순하다
幺 糸 糽 紵 紵 結 綺	丨 冂 冂 回 回 回	氵 汁 浐 浐 淺 漢 漢	一 戸 白 車 車 惠 惠

[綺回漢惠 기회한혜] 기리계는 한나라 혜제를 돌아오게 하였다.

어휘학습

▶ 漢 7급

回診 회진 *診 볼 진
의사가 환자의 병실을 돌아다니며 진찰함.

漢方 한방 *方 모 방
한의학에 따르면 중국에서 발달하여 동양 여러 나라에 퍼진 의술. 한의(漢醫)의 처방.

기쁠 열·말씀 설	느낄 감	호반 무	고무래 정

기쁘다·말씀	느끼다·감동하다	호반·강하다	고무래·사나이·일꾼
丶 亠 言 訁 訟 說 說	一 厂 厈 咸 咸 咸 感	一 二 干 疒 正 武 武	一 丁

[說感武丁 열감무정] 부열은 무정의 꿈에 나타나서 그를 감동시켰다.

◯ 어휘학습

▶ 感 6급

說明 설명　　　*明 밝을 명

어떤 일의 내용 따위를 알기 쉽게 풀어서 밝힘.

感動 감동　　　*動 움직일 동

깊이 느껴 마음이 움직임.

145

준걸 준	어질 예	빽빽할 밀	말 물
俊	乂	密	勿
준걸·재주가 뛰어나다	어질다·풀을 베다	빽빽하다·깊다	말다·없다·아니다
亻仁仵仵俟俊	丿乂	宀宀宓宓密密	勹勺勿勿

[俊乂密勿 준예밀물] 재주와 덕이 뛰어난 인재들이 조정이 꽉 차게 모여들었다.

어휘학습

俊豪 준호 *豪 호걸 호
도량과 재능이 보통 사람보다 뛰어남, 또는 그런 사람.

密談 밀담 *談 말씀 담
남몰래 비밀히 이야기함. 또는 그 이야기.
동 密話 밀화

많을 다	선비 사	참 식	편안할 녕

많다	선비·남자	참·진실·이것	편안하다·차라리
丿ク夕夕多多	一十士	宀宀宣宣宣宣定	宀宀宣宣宣寍寧

뜻을 세우고 배운 열사람 중에 한 명만이 선비가 되었다는 유래가 있어

저 사람이 그 선비야?

[多士寔寧 다사식녕] 많은 인재들이 있어 나라는 정말 태평하였다.

어휘학습   ▶ 多 6급

多産 다산   *産 낳을 산

아이 또는 새끼를 많이 낳음.
물품을 많이 생산함.

名士 명사   *名 이름 명

이름난 선비.
세상에 널리 알려진 사람.

나라 진	나라 초	다시 갱·고칠 경	으뜸 패
晋	楚	更	覇
진나라	초나라	다시·바꾸다·고치다	으뜸·우두머리
一丌丌丙巫푬晋	一十十十木林梺梺楚	一丆丏百更更	一襾襾覀覇覇

[晋楚更覇 진초갱패] 진나라와 초나라가 다시 으뜸이 되었다.

어휘학습

更新 갱신   *新 새 신
다시 새로워짐 또는 다시 새롭게 함.

覇者 패자   *者 놈 자
제후의 우두머리.
어느 부문에서 으뜸의 자리를 차지한 사람.

나라 조	나라 위	곤할 곤	가로 횡
趙	魏	困	橫
조나라	위나라	곤하다·게으르다	가로·거스르다
一 十 キ 走 赵 趙 趙	二 禾 委 夘 魏 魏 魏	l 冂 冂 円 円 困 困	一 木 木 栌 梼 橫 橫

[趙魏困橫 조위곤횡] 조나라와 위나라는 연횡설 때문에 어려움을 겪었다.

🔸 어휘학습

困境 곤경　　*境 지경 경

어려운 경우나 처지.

橫斷 횡단　　*斷 끊을 단

가로 자름. 가로 건넘.

반 縱斷 종단

빌릴 가	길 도	멸할 멸	나라 괵
假	途	滅	虢
빌리다 · 거짓	길 · 도중	멸망하다 · 없어지다	괵나라
亻 亻' 俨 伫 假 假 假	入 人 今 余 余 涂 途	氵 氵 沪 沪 派 滅 滅	' ⺌ 手 孚 妒 虏 虢 虢

[假途滅虢 가도멸괵] 길을 빌려 괵나라를 멸망시켰다.

⇨ 어휘학습

假飾 가식   *飾 꾸밀 식

언행을 거짓으로 꾸밈.
임시로 장식함.

滅種 멸종   *種 씨 종

씨가 없어짐.
한 종류가 모두 없어지거나 없앰.

150

밟을 천	흙 토	모을 회	맹세 맹
践	土	會	盟
밟다	흙·나라·고향	모으다·기회	맹세·믿다
口 口 马 弘 践 践 践	一 十 土	人 亼 今 侖 侖 會 會	l 日 明 明 明 盟 盟

[践土會盟 천토회맹] 천토에서 제후를 모아 서로 맹세하게 하였다.

◎ 어휘학습

▶ 土 8급　▶ 會 6급

土壤 토양　　　*壤 흙 양

땅의 흙. 곧 농작물이 자라기에 알맞은 흙.

會議 회의　　　*議 의논할 의

여럿이 모여 의논하는 모임.
회합해 어떤 사항을 평의하는 기관.

어찌 하	좇을 준	약속할 약	법 법
何	遵	約	法
어찌·무엇·누구	좇다·지키다	약속하다·맹세	법·본받다

[何遵約法 하준약법] 소하는 약법을 만들어 백성에게 이를 지키게 하였다.

➡ 어휘학습

約束 약속　　　＊束 묶을 속

모아서 묶음.
장래 할 일에 관해 상대방과 서로 언약하여 정함.　　[동] 拳約 권약

法官 법관　　　＊官 벼슬 관

법원에 소속되어 소송 사건을 심리하여 법률상의 해석을 내릴 권한을 가진 사람.

나라 한	해칠 폐	번거로울 번	형벌 형
韓	弊	煩	刑
한나라	해치다·폐단·나쁘다	번거롭다·괴롭다	형벌·법률

[韓弊煩刑 한폐번형] 한비는 가혹한 형벌로 나라를 해쳤다.

● 어휘학습

煩悶 번민   *悶 번민할 민
마음이 번거롭고 답답하여 괴로워함.

刑罰 형벌   *罰 죄 벌
범죄에 대한 법률상의 효과로서 행위자에게 과하는 제재.
저지른 허물의 징계로 주는 고통.

일어날 기	자를 전	자못 파	칠 목
起	翦	頗	牧
일어나다 · 일으키다	자르다 · 베어 없애다	자못 · 비뚤어지다	치다 · 기르다 · 목장
一 十 土 丰 走 起 起 起	⺍ 苎 芀 芀 前 前 翦 翦	一 厂 皮 皮 皮 皮 頗 頗 頗	丿 ⺊ 牛 半 半 牧 牧

[起翦頗牧 기전파목] 진나라에는 백기와 왕전, 초나라에는 염파와 이목이 있었다.

어휘학습

起期 기기　　　　　*期 기약할 기

사물이 시작되는 시기.
기간 등의 기산점이 되는 시기.

牧場 목장　　　　　*場 마당 장

일정한 시설을 갖추어 소·말·양 따위를 전문으로 치는 곳

쓸 용	군사 군	가장 최	정할 정
用	軍	最	精
쓰다·쓰이다	군사	가장	정하다·정교하다
ノ 几 冂 月 用	冖 冖 冖 冎 冎 冟 軍	丨 日 旦 月 月 最 最 最	一 米 米 精 精 精 精

[用軍最精 용군최정] 네 장군은 군사를 가장 능숙하게 지휘하였다.

◉ 어휘학습

用度 용도 　　　　*度 법도 도

씀씀이. 드는 비용.
관청·회사에서 물품을 공급하는 일.

軍紀 군기 　　　　*紀 벼리 기

군대의 규율과 풍기.

베풀 선	위엄 위	모래 사	아득할 막
宣	威	沙	漠
베풀다 · 펴다	위엄 · 세력	모래 · 바닷가	아득하다 · 멀다 · 사막
宀宀宁宁宣宣	丿厂厂反反威威	丶氵氵沪沙沙	氵氵氵漠漠漠漠

[宣威沙漠 선위사막] 네 장군의 위엄은 멀리 북쪽 사막에까지 퍼졌다.

어휘학습

宣布 선포 *布 베 포
세상에 널리 알림.

威嚴 위엄 *嚴 엄할 엄
위광(威光)이 있어 점잖고 엄숙함.

달릴 치	기릴 예	붉을 단	푸를 청
馳	譽	丹	靑
달리다 · 전하다	기리다 · 칭찬하다	붉다 · 마음	푸르다 · 젊다
丨ㄒ馬馬馹馳馳	⺈⺈⺍卣卣與與譽	ノ 丿 月 丹	一十土丰青青青

[馳譽丹靑 치예단청] 네 장군의 명예를 그림으로 그려 후세에게도 전했다.

어휘학습   ▶ 靑 8급

丹粧 단장   *粧 단장할 장

얼굴·머리·몸·옷차림 따위를 잘 매만져 곱게 꾸밈.

靑春 청춘   *春 봄 춘

새싹이 파랗게 돋아나는 봄철. 젊고 건강한 시절.

아홉 구	고을 주	임금 우	자취 적
九	州	禹	跡
아홉	고을·섬	임금·이름	자취
乙九	丿丿丨州州	一二 三 四 禹 禹 禹	丨口口 跙 跙 跡 跡

[九州禹跡 구주우적] 중국을 아홉 마을로 나눈 것은 우왕의 공적이다.

어휘학습　　　　　　　　　　▶ 九 8급

九暑 구서　　＊暑 더울 서
여름. 90일간의 더위.

人跡 인적　　＊人 사람 인
사람의 발자취 또는 사람의 왕래.

일백 백	고을 군	나라 진	아우를 병
百	郡	秦	并
백·힘쓰다	고을	진나라	아우르다·합하다
一ア丁百百百	ㄱㅋ尹君君郡郡	三丰夫圭奉奉秦	'′⌒手并并

[百郡秦并 백군진병] 진나라는 중국을 통일시키고 100개 마을로 나누어 다스렸다.

어휘학습

▶百 7급 ▶郡 6급

百人 백인   *人 사람 인

백 사람.
성질이 서로 다른 많은 사람.

君主 군주   *主 주인 주

왕세자의 정실에서 태어난 딸의 봉작.

큰산 악	마루 종	항상 항	뫼 대
嶽	宗	恒	岱
큰 산	마루·밑·높다	항상·떳떳하다	뫼·터·산이름

[嶽宗恒岱 악종항대] 오악 중에서는 항산과 태산이 으뜸이다.

어휘학습

山嶽 산악 *山 뫼 산

높고 큰 산들.

宗中 종중 *中 가운데 중

조상을 같이 하는 한 겨레붙이의 문중.

터 닦을 선	주인 주	이를 운	정자 정
禪	主	云	亭
터를 닦다 · 고요하다	주인 · 어른 · 주장하다	이르다 · 말하다	정자 · 우뚝 서다
二 チ 礻 袳 袳 禪 禪 禪	` 一 ニ キ 主	一 ニ 云 云	` 亠 亡 古 古 亭 亭 亭

[禪主云亭 선주운정] 선 제사는 운운산과 정정산에서 주로 지냈다.

어휘학습

▶ 主 7급

主權 주권   *權 저울추 권

국가 구성의 요소로서 최고 · 독립 · 절대의 권력.

停年 정년   *年 해 년

공무원 · 기타 직원이 일정한 나이에 이르면 당연히 퇴직하도록 정해진 연령.

기러기 안	문 문	붉을 자	변방 새
雁	門	紫	塞
기러기	문·대문	붉다·자줏빛	변방·막히다
一厂厂厂屏屏雁雁	1 冂冂冂冂門門門	ㅏ ㅏ 止 此 紫紫	宀宀宔実実塞塞

와~ 만리장성이다

만리장성의 흙빛이 자색이어서 자새라고 하는구나

[雁門紫塞 안문자새] 높은 봉우리로는 안문산이 있고, 성으로는 만리장성이 있다.

어휘학습

▶ 門 8급

門牌 문패 *牌 패 패

주소·성명 따위를 적어서 대문 위에나 옆에 붙이는 작은 패.

紫色 자색 *色 빛 색

여자의 고운 얼굴, 모양.

닭 계	밭 전	붉을 적	재 성
鷄	田	赤	城
닭	밭·논	붉다	재·보루·서울
爫 奚 鈔 鄰 鷄 鷄	丨 冂 日 田 田	一 十 土 产 亣 赤 赤	土 圠 圹 圻 城 城 城

"안녕하세요"

"우와~ 엄청 변했다"

[鷄田赤城 계전적성] 명승지로는 계전과 적성이 있다.

● 어휘학습

田作 전작 　　*作 지을 작

밭농사. 밭에서 나는 곡식.

城壁 성벽 　　*壁 벽 벽

성의 담벼락.

맏 곤	못 지	비석 갈	돌 석
昆	池	碣	石
맏·벌레	못	비석	돌·섬
丨 冂 日 旦 昆 昆 昆	丶 丶 氵 氵 池 池	一 丆 石 砈 碣 碣 碣	一 丆 ア 石 石

장안 서쪽에 있는 곤지 못이야

와~ 좋다!

[**昆池碣石** 곤지갈석] 연못으로는 곤지가 있고, 산으로는 갈석이 있다.

어휘학습

▶ 石 6급

昆蟲 곤충　　　*蟲 벌레 충

몸에 마디가 많고 머리·가슴·배의 세 부분으로 나뉘며, 대개 세 쌍의 발과 두 쌍의 날개를 가진 벌레들. 개미·나비·벌·파리 등.

石文 석문　　　*文 무늬 문

비석·벽돌·기와 따위에 조각한 글.

클 거	들 야	골 동	뜰 정
鉅	野	洞	庭
크다·갈고리	들	골·마을	뜰·곧다
ノ ㅅ 乍 乍 金 釒 鉅 鉅	丨 口 甲 里 野 野 野	丶 氵 氵 沪 洞 洞 洞	广 广 庐 庐 庄 庭 庭

[鉅野洞庭 거야동정] 들로는 거야가 있고, 호수로는 동정호가 있다.

◎ 어휘학습

▶野 6급 ▶庭 6급

野望 야망   *望 바랄 망

임금 등에 모반하려는 욕망, 바라서는 안 될 일을 바라는 일.
분에 훨씬 넘치는 희망.

庭園 정원   *園 동산 원

집 안에 있는 뜰이나 꽃밭.

빌 광	멀 원	솜 면	멀 막
曠	遠	綿	邈
비다 · 넓다	멀다 · 깊다	솜 · 동일하다 · 연하다	멀다 · 아득하다
日 旷 旷 旷 曠 曠 曠	一 土 吉 吏 袁 遠	纟 糸 紵 綿 綿 綿	爫 爫 豸 貊 貌 邈

[曠遠綿邈 광원면막] 산과 호수, 벌판이 넓게 이어져서 멀고 아득하게 보인다.

어휘학습   ▶遠 6급

曠野 광야   *野 들 야

아득하게 너른 벌판.

동 荒野 황야

遠征 원정   *征 칠 정

먼 곳을 치러 나감.
멀리 운동 경기 따위를 하러 감.

바위 암	묏부리 수	아득할 묘	어두울 명
巖	峀	杳	冥
바위	묏부리·바위 구멍	아득하다·깊다	어둡다·밤·저승
⺍⺍⺍⺍巖巖巖	⼁⼃⼄⼆峀峀峀	一十木木杳杳杳	⼀⼄⼁冝冝冥冥

[巖峀杳冥 암수묘명] 큰 바위와 산은 아득하고 깊게 느껴진다.

어휘학습

巖壁 암벽　　*壁 벽 벽
벽처럼 깎아지른 듯이 높이 솟은 바위.

杳然 묘연　　*然 그러할 연
그윽하고 멀어서 눈에 아물아물하다.

다스릴 치	근본 본	어조사 어	농사 농
治	本	於	農
다스리다·치료하다	근본·뿌리·책	~에, ~보다	농사·힘을 쓰다
丶氵氵治治治治	一十才木本	丶一方方於於於	曲曲严豊農農

[治本於農 치본어농] 나라를 다스리는 것은 농사가 그 밑바탕이다.

어휘학습
▶ 本 6급

治療 치료 *療 병고칠 료
병이나 상처를 다스려서 낫게 함.

根本 근본 *根 뿌리 근
사물의 본바탕.
자라 온 바탕이나 환경.

힘쓸 무	이 자	심을 가	거둘 색
務	兹	稼	穡
힘쓰다 · 일	이 · 흐리다	심다	거두다 · 아끼다 · 농사
ㄱ ㅈ 矛 矛 矜 務 務	ㆍ ㅗ ㅛ 並 兹 兹 兹	ㅡ 千 禾 秆 秆 稼 稼	ㅡ 禾 禾 秆 秆 稕 穡 穡

[務兹稼穡 무자가색] 곡식을 심고 거두는 일에 힘을 써야 한다.

◎ 어휘학습

業務 업무   *業 업 업

직업으로서 행하는 직무로 맡아서 하는 일.

稼穡 가색   *穡 거둘 색

곡식 농사.

비로소 숙	실을 재	남녘 남	밭이랑 묘(무)
俶	載	南	畝
비로소·처음·짓다	싣다·일·가득하다	남쪽	밭이랑
亻亻亻亻俶俶俶	一十亘車載載載	一十冂冂两南南	一亠亩亩亩畝畝

[俶載南畝 숙재남묘] 남쪽의 밭에 나가 농사를 시작한다.

어휘학습

▶ 南 8급

積載 적재　　*積 쌓을 적

중요한 것만을 따서 기록하여 실음.

南下 남하　　*下 아래 하

남쪽으로 내려감.

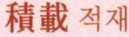 北上 북상

나 아	심을·재주 예	기장 서	피 직

나·우리	재주·심다	기장	피
ノ 二 千 手 我 我 我	⺾ ⺿ 荃 荃 蓺 藝 藝	一 千 禾 禾 委 黍 黍	一 千 禾 利 秆 稑 稷 稷

[我藝黍稷 아예서직] 열심히 기장과 피를 심어야 한다.

◯ 어휘학습

我執 아집 *執 잡을 집
제 생각만 옳다고 내세우는 고집.

藝能 예능 *能 능할 능
재주와 기능.
연극·영화·음악·무용 등의 예술에 관한 기예.

구실 세	익을 숙	바칠 공	새 신
税	熟	貢	新
징수하다 · 세금	익다 · 무르익다	바치다	새롭다 · 처음

[稅熟貢新 세숙공신] 곡식이 익으면 세금을 매기고, 햇곡식으로 제사를 올린다.

어휘학습

▶新 6급

稅金 세금 *金 쇠 금
조세(租稅)로 내거나 바치는 돈.

新設 신설 *設 베풀 설
새로 베풀어 세우거나 만듦. 또는 그러한 시설.

권할 권	상줄 상	내칠 출	오를 척
勸	賞	黜	陟
권하다·돕다	상 주다·구경하다	물리치다·내치다	오르다·올리다
艹 苩 芦 荋 雚 勸 勸	丶 ⺌ 𫩏 尚 尚 賞 賞	丨 日 里 黑 黑 黜 黜	⻖ 阝 阝 阰 阰 陟

[勸賞黜陟 권상출척] 열심히 농사를 짓게 하기 위해 상을 주기도 하고 내쫓기도 하였다.

어휘학습

勸勉 권면 *勉 힘쓸 면
알아듣도록 타일러 힘쓰게 함.

賞狀 상장 *狀 형상 상
상 주는 뜻을 표하여 주는 증서.

맏 맹	높을 가	도타울 돈	흴 소
孟	軻	敦	素
맏·첫	수레·높다	두텁다·힘쓰다	희다·바탕
了子子孓孟孟	一匚日亘車車軻	一亠亨亨享敦敦	十主主素素素素

[**孟軻敦素** 맹가돈소] 맹자는 바탕을 두텁게 하였다.

어휘학습

孟冬 맹동　　＊冬 겨울 동

초겨울. 음력 10월.

素量 소량　　＊量 헤아릴 량

구체적인 어떤 종류의 양의 최소 단위.

사기 **사**	물고기 **어**	잡을 **병**	곧을 **직**

사기·역사	물고기	잡다	곧다·바르다·값
丨 口 口 史 史	⺈ ⺈ ⺈ ⺈ 争 魚 魚	一 彐 彐 彐 亖 事 秉	一 十 十 ナ 六 方 直 直

[**史魚秉直** 사어병직] 사어는 정직함을 굳게 지켰다.

🔄 어휘학습   ▶ 直 7급

魚饌 어찬   *饌 반찬 찬   **直行** 직행   *行 갈 행

생선으로 만든 반찬.   도중에서 지체하지 않고 목적지로 바로 감. 마음대로 꾸밈 없이 해냄.

무리 서	바랄 기	가운데 중	떳떳할 용
庶	幾	中	庸
무리·여럿	몇·얼마·거의	가운데·안쪽	떳떳하다·어리석다
亠广广庄庄庶	幺幺丝丝丝絲幾幾	丨口口中	亠广广庐庐肩庸

[庶幾中庸 서기중용] 어떤 일이든 한 쪽으로 치우치지 않아야 한다.

어휘학습

▶ 中 8급

庶民 서민　　*民 백성 민

아무 벼슬이 없는 평민, 백성.
귀족이 아닌 보통 사람.
　　　　　동 庶人 서인

中曆 중력　　*曆 책력 력

겉장을 잘 꾸미지 않은 책력.

수고로울 로	겸손할 겸	삼갈 근	신칙할 칙
勞	謙	謹	勅
수고롭다 · 일하다	겸손하다 · 사양하다	삼가다 · 공경하다	신칙하다 · 칙령
丶 丷 ⺀ ⺍ 𤇾 勞 勞	言 言 訁 訫 訡 謙 謙	言 言 訁 訫 訡 訟 謹	一 口 市 束 勅 勅

[**勞謙謹勅** 노겸근칙] 열심히 일을 하고 겸손해야 하며, 삼가고 경계하며 바로잡아야 한다.

◐ 어휘학습

勞動 노동   *動 움직일 동

몸과 마을을 써서 하는 일.
몸으로 하는 단순한 일.

謙遜 겸손   *遜 겸손할 손

남에게 자기를 낮추어 순하게 대하는 태도.

들을 령	소리 음	살필 찰	이치 리
聆	音	察	理
듣다 · 깨닫다	소리 · 음악	살피다 · 보다	이치 · 도리 · 바르다
一 T F E 耳 耴 聆 聆 聆	` 一 立 产 斉 音 音	宀 宀 宀 宍 宓 窣 窣 察 察	一 T F 王 玕 理 理 理

[聆音察理 영음찰리] 목소리를 듣고 마음 속을 살펴보아야 한다.

어휘학습　　　　　　　　　　▶音 6급　▶理 6급

音調 음조　　　　*調 고를 조
소리의 높낮이 · 강약 · 느리고 빠른 정도.

理念 이념　　　　*念 생각할 념
철학에서 이성으로부터 얻은 최고의 개념으로 온 경험을 통제하는 주체.

거울 감	모양 모	분별할 변	빛 색
鑑	貌	辨	色
거울·보다·비치다	모양·얼굴·겉	분별하다·판단하다	빛·색·낯
ノ 두 金 金 鈩 鈩 鑑	ノ ろ ダ 豹 貂 貌 貌	ー ㄷ 훙 夷 辛 辨 辨	ノ ク ㄆ 各 多 色

[鑑貌辨色 감모변색] 생김새와 얼굴빛을 거울로 삼아 마음 속을 짐작할 수 있다.

● 어휘학습　　　　　　　　　　▶ 色 7급

鑑定 감정　　　　*定 정할 정

사물의 참과 거짓.
좋고 나쁨을 살펴서 판정함.

色難 색난　　　　*難 어려울 난

자식이 변함없이 어버이를 섬기기는 어려움. 곧 효도의 어려움.

줄 이	그 궐	아름다울 가	꾈 유
貽	厥	嘉	猷
끼치다·주다	그·그것	아름답다·좋다	꾀·옳다
丨 冂 目 貝 貽 貽	一 厂 厈 屈 屍 厥 厥	一 十 吉 喜 喜 嘉	八 方 爲 酋 酋 猷 猷

[**貽厥嘉猷** 이궐가유] 훌륭한 생각은 후세에까지 남겨야 한다.

◆ 어휘학습

貽笑 이소 　　＊笑 웃을 소
남에게 비웃음을 당함.

嘉日 가일 　　＊日 날 일
즐겁고 경사스러운 날.

동 嘉辰 가신

힘쓸 면	그 기	공경 지	심을 식
勉	其	祗	植
힘쓰다 · 부지런하다	그 · 그것 · 어조사	공경하다 · 삼가다	심다 · 세우다
⺈ 夕 夕 免 免 勉	一 十 卄 甘 甘 其	一 丅 亍 示 礻 祗 祗	一 十 才 木 朴 植 植

[勉其祗植 면기지식] 공경하는 마음이 자기 몸에 배도록 힘써야 한다.

어휘학습

▶ 植 7급

勉學 면학   *學 배울 학

학문의 배움에 힘씀.

植物 식물   *物 만물 물

생물을 동물과 함께 둘로 대별한 것의 하나. 나무나 풀과 같이 한 곳에 고정하여 공기 · 흙 · 물에서 영양분을 섭취하여 살아가는 생물.

살필 성	몸 궁	나무랄 기	경계할 계
省	躬	譏	誡
살피다 · 아끼다	몸 · 몸소	나무라다 · 꾸짖다	경계하다 · 명령하다
丶 丿 小 少 省 省 省	丿 丨 身 身 身 躬 躬	一 言 諺 諺 諺 譏 譏	一 言 訂 訐 誡 誡 誡

[省躬譏誡 성궁기계] 자기 몸을 살펴서 남이 나무랄 만한 것이 있는지 경계한다.

어휘학습

▶省 6급 　▶譏 7급

省察 성찰　　*察 살필 찰

자기의 마음을 반성하여 살핌.

譏弄 기롱　　*弄 희롱할 롱

남을 속여서 놀림.
희롱함.

고일 총	더할 증	겨룰 항	다할 극
寵	增	抗	極
고이다 · 사랑하다	더하다 · 점점 · 거듭	겨루다 · 막다	다하다 · 지극하다 · 끝
宀宀宀宀宀寵寵寵	一十十圹圻增增增	一十才扩扩抗	一木朽柯柯極極

[寵增抗極 총증항극] 임금의 사랑이 커질수록 잘난 체하지 말고 더욱 지극해야 한다.

어휘학습

增加 증가　　*加 더할 가

수량이 더 늘어 많아짐 또는 많아지게 함.

반 減少 감소

抗議 항의　　*議 의논할 의

반대하는 뜻을 폄.

동 抗辯 항변

위태할 태	욕될 욕	가까울 근	부끄러울 치
殆	辱	近	恥
위태하다 · 비롯하다	욕되다 · 더럽히다	가깝다	부끄럽다
一 丆 歹 歺 妒 殆 殆	一 厂 尸 尸 辰 辰 辱	一 厂 斤 斤 近 近	一 丅 下 耳 耵 恥 恥

[殆辱近恥 태욕근치] 위험하고 욕된 일을 하면 부끄러움이 가까이 온다.

어휘학습

▶ 近 6급

恥部 치부   *部 거느릴 부
남에게 알리고 싶지 않은 부끄러운 부분.
동 陰部 음부

近景 근경   *景 볕 경
가까이 보이는 경치.
사진·그림 등에서 앞에 배치한 수목·암석 등의 경관.
반 遠景 원경

수풀 림	언덕 고	다행 행	곧 즉
林	皐	幸	卽
숲	언덕·부르다	다행·바라다·요행	곧·이제·만일
一 十 才 木 朴 村 林	′ 宀 白 自 自 皇 皐	一 十 土 キ 去 去 幸	′ 宀 白 自 皀 卽 卽

[林皐幸卽 임고행즉] 부끄러움이 가까이 오면 숲이 있는 언덕으로 가는 것이 행복한 일이다.

◐ 어휘학습   ▶ 幸 6급

林業 임업   *業 업 업

각종 임산물에서 오는 경제적 이득을 목적으로 삼림을 경영하는 사업.

幸運 행운   *運 돌 운

좋은 운수 또는 행복스러운 운명.

두 량	성길 소	볼 견	기틀 기
兩	疏	見	機
둘·짝	드물다·멀다·상소하다	보다·만나다·나타나다	베틀·기계·기회
一丆兩兩兩兩	了疋疋疏疏疏疏	丨冂冃月目貝見	一十木朾棥椣機機

[兩疏見機 양소견기] 소광과 소수는 상소할 기회를 살폈다.

어휘학습

兩面 양면 　　　*面 낯 면

두 면. 양쪽의 면.
두 가지 방면.

見解 견해 　　　*解 풀 해

사물을 보는 생각이나 의견.

풀 해	끈 조	누구 수	핍박할 핍
解	組	誰	逼
풀다·흩어지다	끈·짜다·만들다	누구·무엇	핍박하다
广 疒 角 角 解 解 解	幺 糸 組 組 組 組	言 訁 計 訛 誰 誰	一 戸 丙 禹 畐 逼

[**解組誰逼** 해조수핍] 끈을 풀었으니 누가 핍박할 수 있을까.

○ 어휘학습

解脫 해탈　　　*脫 벗을 탈

얽매임을 벗어 버림.
불교에서 번뇌의 속박을 풀어 삼계의 업고에서 벗어남.

組織 조직　　　*織 짤 직

여러 개체나 요소들을 모아서 유기적인 통일체로 만듦. 생물학적으로는 같은 기능과 같은 구성을 가진 세포의 모임.

찾을 색·한가할 삭	살 거	한가할 한	곳 처
索	居	閑	處
찾다·한가하다	살다·앉다	한가하다·사이	곳·살다
一十十本本索索索	ㄱ尸尸尸居居	ㅣ丨丨丨門門閑閑	ㅏ广广卢虎虎處

[**索居閑處** 색거한처] 벼슬에서 물러나 한가한 곳을 찾아 그 곳에서 지냈다.

어휘학습

居住 거주   *住 살 주

사람이 일정한 곳에 머물러 삶.

處身 처신   *身 몸 신

세상을 살아감에 있어 가져야 할 몸가짐이나 행동을 하는 것.

잠길 침	잠잠할 묵	고요할 적	쓸쓸할 료
沈	默	寂	寥
잠기다 · 고요하다	잠잠하다 · 조용하다	고요하다 · 쓸쓸하다	쓸쓸하다 · 고요하다
丶丶氵汒沙沈	口甲里黑黑默默	宀宀宀宋宋寂寂	宀宀宀宀宋寥

[**沈默寂寥** 침묵적료] 조용히 지내니 고요하고 쓸쓸하였다.

◈ 어휘학습

沈沒 침몰   *沒 가라앉을 몰

물에 빠져 가라앉음.

默念 묵념   *念 생각할 념

묵묵히 생각에 잠김.
죽은 사람이 고이 잠드시라고 잠시 눈을 감고 머리를 숙여 빎.   동 默禱 묵도

구할 구	옛 고	찾을 심	의논할 론

구하다 · 찾다	옛 · 선조	찾다	의논하다 · 생각
一 十 十 才 求 求 求	一 十 古 古 古	ㄱ ㅋ 큼 큼 尋 尋 尋	言 言 論 論 論 論 論

[求古尋論 구고심론] 옛 사람의 글에서 올바른 도리를 찾으며 토론을 한다.

어휘학습

▶ 古 6급

求乞 구걸　　　*乞 빌 걸

남에게 돈 · 물건 · 음식 따위를 거저 얻으려고 사정하는 것.

古今 고금　　　*今 이제 금

옛날과 지금.

흩어질 산	생각 려	거닐 소	거닐 요
散	慮	逍	遙
흩어지다·헤어지다	생각·걱정	거닐다·노닐다	멀다·노닐다
一 卄 뀨 쑤 쑤 쑤 散	亠 广 庐 庐 庐 慮	丨 小 尙 肖 肖 逍	丿 夕 夗 受 쫓 遙

[散慮逍遙 산려소요] 세상 걱정을 잊어버리고 자연 속에서 한가하게 즐긴다.

어휘학습

散人 산인 　　　＊人 사람 인
세상일을 버리고 한가히 지내는 사람.
벼슬을 버리고 자연을 즐기며 지내는 사람.

念慮 염려 　　　＊念 생각할 염
앞일을 이리저리 헤아려 걱정함.

기쁠 흔	아뢸 주	여럿 루	보낼 견
欣	奏	累	遣
기쁘다·좋아하다	아뢰다·상소하다	여럿·더럽히다	보내다·쫓다
亻 亽 乍 斤 欣 欣	一 三 声 夫 表 奏 奏	丶 冂 田 甲 罒 累 累	丶 口 虫 虫 昔 遣

[欣奏累遣 흔주루견] 기쁨을 알리고 더러움은 멀리 보낸다.

어휘학습

累積 누적   *積 쌓을 적

포개지거나 포개어 쌓임.

遣外 견외   *外 밖 외

외국에 파견함.

슬플 척	물러갈 사	기쁠 환	부를 초
感	謝	歡	招
슬픔·근심	물러가다·말씀·사례	기쁨·즐기다	부르다·손짓하다
丿厂厂厂瓜咸咸感	言計訃訃訃訃謝謝	艹艹苩芦茻雚歡歡	一十才才打招招

[**感謝歡招** 척사환초] 슬픔은 사라지고 기쁨이 손짓하여 부른다.

◆ 어휘학습

謝絕 사절   *絕 끊을 절
요구나 제의를 받아들이지 않고 물리침.

招聘 초빙   *聘 찾아갈 빙
예를 갖추어 불러 맞아들임.

도랑 거	연꽃 하	과녁 적	지날 력
渠	荷	的	歷
개천·작은 개울·크다	연꽃	과녁·목표·~의	지나다·겪다
氵氵汀汀沪渠渠	艹艹艾荷荷	亻亇自自自的的	一厂厣厤歷歷歷

[渠荷的歷 거하적력] 개천의 연꽃은 또렷하게 빛난다.

◐ 어휘학습

的中 적중 *中 가운데 중
정확하게 들어맞음.

歷史 역사 *史 역사 사
인류·사회·문화 등의 지나온 일 또는 그 기록.

동산 원	풀 망	뽑을 추	가지 조
園	莽	抽	條
동산·뜰	풀·풀이 우거지다	빼내다·뽑다	가지·가닥
丨 冂 門 周 園 園 園	艹 艹 艹 莢 莽 莽 莽	一 十 才 扣 抽 抽 抽	丿 亻 伇 攸 攸 條 條

[園莽抽條 원망추조] 뜰에 우거진 풀은 가닥을 뻗으며 자란다.

◎ 어휘학습

▶ 園 6급

公園 공원   *公 공평할 공

공중의 보건·휴식·놀이 등을 위해 동산처럼 만든 곳이나 또는 그렇게 이용하는 자연 동산 및 자연 경관이 뛰어난 곳.

條件 조건   *件 사건 건

어떤 일을 이루게 하거나 못 이루게 하는 기본적인 상태나 요소.

비파나무 비	비파나무 파	늦을 만	푸를 취
枇	杷	晚	翠
비파나무 · 악기 이름	비파나무 · 악기 이름	늦다 · 저물다 · 저녁	푸르다 · 비취

[枇杷晩翠 비파만취] 비파나무는 늦은 겨울까지도 그 잎이 푸르다.

어휘학습

晩秋 만추 *秋 가을 추
늦가을.
반 早秋 조추

翠雨 취우 *雨 비 우
푸른 나뭇잎에 매달린 빗방울.

오동나무 오	오동나무 동	이를 조	시들 조
梧	桐	早	凋
오동나무	오동나무	이르다·일찍	시들다
一十才村梧梧梧	一十才村桐桐桐	丨口日日旦早	冫冫冫冫凋凋凋

[梧桐早凋 오동조조] 오동나무는 다른 나무보다 일찍 잎이 시든다.

◆ 어휘학습

梧桐 오동　　＊桐 오동나무 동

오동나무.

早起 조기　　＊起 일어날 기

아침에 일찍 일어남.

베풀 진	뿌리 근	맡길 위	가릴 예
陣	根	委	翳
베풀다·묵다·오래되다	뿌리·밑	맡기다·시들다	가리다·어조사
了阝阝阼阵陣陳	一十才木杍根根	二千禾禾委委	一医殹殹翳翳

[陣根委翳 진근위예] 오래 된 나무의 뿌리는 말라서 시들어 간다.

어휘학습　　　　　　　▶根 6급

根性 근성　　*性 성품 성

본성. 뿌리 깊이 박힌 성질.

委任 위임　　*任 맡길 임

어떤 일을 지워 맡김 또는 그 맡은 책임.

떨어질 락	잎 엽	나부낄 표	나부낄 요
落	葉	飄	颻
떨어지다	잎	나부끼다·회오리바람	나부끼다·날리다

말풍선: 낙엽은 왜 땅으로 떨어질까?
인력
예쁘다

[落葉飄颻 낙엽표요] 떨어진 잎은 바람에 휘날린다.

◐ 어휘학습

落張 낙장　　　*張 베풀 장

책의 빠진 장.
화투·투전·트럼프 따위를 할 때 이미 판에 내놓은 패.

葉書 엽서　　　*書 쓸 서

'잎사귀에 쓴 글'이란 뜻으로 '편지'를 일컫는 말.
우편엽서.

놀 유	큰고기 곤	홀로 독	움직일 운
遊	鯤	獨	運
놀다 · 여행	큰고기 · 곤어 · 곤새	홀로 · 외롭다	움직이다 · 옮기다 · 운전
〝亠方方方斿斿遊	〝由魚魚鯤鯤鯤	〝犭犭犳獨獨獨	〝冖冒宣軍運

[遊鯤獨運 유곤독운] 곤어는 혼자 자유롭게 움직이며 노닌다.

➡ 어휘학습

▶ 運 6급

獨創 독창   *創 비롯할 창

혼자의 힘으로 처음으로 생각해 내거나 만들어 냄.

運命 운명   *命 목숨 명

앞으로의 생사존망이나 길흉화복의 형편. 타고난 목숨이나 처지.

동 命運 명운

업신여길 릉	문지를 마	붉을 강	하늘 소
凌	摩	絳	霄
업신여기다 · 뛰어넘다	닦다 · 문지르다	붉다	하늘 · 진눈깨비
冫冫冫冫冫凌凌	亠广广广庐庐摩	幺糸紗終終絳	雨雨雨雨雷霄霄

[凌摩絳霄 능마강소] 곤어가 아침 해가 뜨는 붉은 하늘을 조롱하듯이 날아다닌다.

⭕ 어휘학습

凌蔑 능멸 *蔑 업신여길 멸
업신여겨 깔봄.

동 陵畓 능답

摩擦 마찰 *擦 비빌 찰
두 물체가 서로 닿아 문질리거나 비벼짐.
둘 사이의 불화나 충돌 또는 알력.

즐길 탐	읽을 독	가지고 놀 완	저자 시
耽	讀	翫	市
즐기다 · 빠지다	읽다 · 구절	가지고 놀다 · 구경하다	시장 · 흥정하다
一 丆 丆 耳 耳 耽 耽	言 言 計 許 諪 讀 讀	ㄱ ㄹ ㄹㄹ 習 習 習 翫 翫	丶 亠 宀 市 市

[耽讀翫市 탐독완시] 한나라의 왕충은 시장의 서점에서 책을 즐겨 읽었다.

어휘학습

▶讀 6급 ▶市 7급

讀書 독서 *書 쓸 서

책을 읽음.
※독서백편의자통(讀書百遍義自通): 같은 책을 백번 되풀이하여 읽으면 저절로 뜻을 알게 된다는 뜻.

市場 시장 *場 마당 장

갖가지 물건을 늘어 놓고 사고 파는 일정한 곳.

붙일 우	눈 목	주머니 낭	상자 상
寓	目	囊	箱
붙이다·부탁하다	눈·제목·당장	자루·주머니·지갑	상자
宀宀宫宫寫寓寓	丨冂冃月目	一亠車橐橐橐囊	ノ 个 竹 竻 笁 箱 箱

[**寓目囊箱** 우목낭상] 왕충은 글을 한 번 읽으면 잊지 않아, 글을 주머니와 상자에 넣어 둔 것 같았다.

◐ 어휘학습 ▶目 6급

目標 목표　*標 목표 표
목적을 이루기 위하여 실제적 대상으로 삼는 것.

箱子 상자　*子 아들 자
나무·대·종이로 만든 네모 난 그릇.

쉬울 이 · 바꿀 역	가벼울 유	바 유	두려울 외
易	輶	攸	畏
쉽다 · 바꾸다	가볍다	곳 · ~바 · 어조사	두려워하다 · 겁내다
ㅣ 口 日 旦 月 易 易	一 冂 車 車 軒 輶 輶	ノ 亻 亻 亻 攸 攸 攸	ㅣ 口 田 甲 甲 畏 畏

[易輶攸畏 이유유외] 쉽고 가볍게 보이는 것을 두려워해야 한다.

어휘학습

容光 용광　　*光 빛 광

빛나는 얼굴. 얼굴의 빛나는 풍채.
틈으로 들어오는 빛.

畏懼 외구　　*懼 두려워할 구

무서워하고 두려워함.

붙일 속	귀 이	담 원	담 장
屬	耳	垣	墻
붙이다·잇다	귀·~뿐	담	담
丿 尸 尸 屈 属 属 屬	一 丆 下 F 王 耳	一 十 土 圫 垣 垣 垣	十 土 圹 坫 墻 墻 墻

[屬耳垣墻 속이원장] 말을 할 때에는 담장에 귀가 있어, 듣고 있는 것처럼 여겨야 한다.

어휘학습

屬性 속성　　　　　*性 성품 성

사물에 근본적으로 딸리어 있으면서 그 바탕을 이루는 성질.
주요한 성질에 딸려 있는 성질.

耳目 이목　　　　　*目 눈 목

귀와 눈. 남들의 주의.

갖출 구	반찬 선	밥 손	밥 반
具	膳	飡	飯
갖추다 · 함께	반찬 · 먹다	밥	밥 · 먹다
丨 冂 目 具 具 具	丿 刂 胖 胖 膳 膳	冫 亽 汁 汴 湌 湌	丿 𠂉 今 刍 刍 飣 飯

[**具膳飡飯** 구선손반] 반찬을 갖추어 밥을 먹는다.

● 어휘학습

具色 구색   *色 빛 색

여러 가지 물건의 갖춤새.
서로 어울리는 것.

飯酒 반주   *酒 술 주

끼니 때 밥에 곁들여서 술을 마심 또는
그 술.

맞을 적	입 구	채울 충	창자 장

맞다 · 마침	입 · 어귀	채우다 · 가득 차다	창자
广产产商商商滴適	ㅣ ㅁ 口	ㆍ 亠 云 产 充	月 月 胆 胆 腸 腸

[**適口充腸** 적구충장] 음식은 입에 맞아 배를 채울 수 있으면 된다.

➡ 어휘학습   ▶ 口 7급 ▶ 充 7급

口書 구서   *書 글 서

붓을 입에 물고 쓴 글씨.
죄를 자백한 것을 적은 서류.

充足 충족   *足 발 족

일정한 분량이 차거나 채워짐.

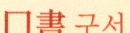 不足 부족

배부를 포	배부를 어	삶을 팽	재상 재

배부르다	먹기 싫다 · 배부르다	삶다 · 요리	재상 · 다스리다 · 으뜸
⺈ ⺈ ⺈ 亠 亠 亠 飠 飠 飽 飽 飽	⺈ ⺈ ⺈ 亠 亠 亠 飠 飠 飫 飫	丶 亠 古 亨 亨 烹	丶 宀 宀 宀 宰 宰 宰

[飽飫烹宰 포어팽재] 배가 부르면 아무리 좋은 음식도 먹기 싫다.

어휘학습

飽食 포식　　　*食 밥 식

배부르게 먹음.

宰相 재상　　　*相 서로 상

왕을 도와 모든 관원을 지휘·감독하는 지위에 있던 이품 이상의 벼슬을 총칭 또는 그 자리에 있던 사람.

주릴 기	싫을 염	술지게미 조	겨 강
飢	厭	糟	糠
굶다 · 주리다	싫다 · 편하다 · 만족하다	지게미	겨
丿𠂉𠂉今會飢	厂厂厂厂厭厭厭	丷米米粐粐糟糟糟	丷半米𥹥糠糠糠

[飢厭糟糠 기염조강] 배가 고프면 술지게미나 겨도 맛있고 만족스럽다.

◯ 어휘학습

饑餓 기아   *餓 주릴 아

먹을 것이 없어 굶주림.

厭世 염세   *世 대 세

세상이 괴롭고 귀찮아서 싫어짐.

반 樂天 낙천

친할 친	겨레 척	연고 고	옛 구
親	戚	故	舊
친하다·일가	겨레·친척	연고·옛·죽음	옛·늙은이·친구
〸 立 产 亲 亲 親 親	一 厂 厂 斤 戚 戚 戚	一 十 古 古 古 故 故	艹 艾 芢 苩 萑 舊 舊

[親戚故舊 친척고구] 친은 동성 친척이고, 척은 이성 친척이며, 고구는 오랜 친구를 말한다.

어휘학습   ▶ 親 6급

親和 친화   *和 화할 화

서로 친해 화합함.
종류가 다른 물질이 서로 화합함.

故友 고우   *友 벗 우

사귄 지 오래 된 벗.
세상을 떠난 벗.

늙을 로	젊을 소	다를 이	양식 량
老	少	異	糧
늙다·노인	젊다·적다	다르다·이상하다	양식·먹이
一十土耂耂老	丿小小少	一口日田田里異異	丶丷米粒粒粮糧糧

[老少異糧 노소이량] 노인과 젊은이의 음식은 달라야 한다.

어휘학습   ▶老 7급 ▶少 7급

老色 노색　　　＊色 빛 색

늙은이가 입기에 알맞은 옷의 빛깔.
(회색 따위)

少壯 소장　　　＊壯 씩씩할 장

젊고 씩씩함.

첩 첩	모실 어	길쌈 적	길쌈 방
妾	御	績	紡
첩·처녀	모시다·거느리다	길쌈·잇다	길쌈을 하다

[妾御績紡 첩어적방] 여자는 부지런히 길쌈을 해야 한다.

어휘학습

成績 성적　　　＊成 이룰 성

다 마친 뒤의 결과.
학습한 지식·기능·태도 등의 평가된 결과.

紡織 방직　　　＊織 짤 직

실을 뽑아서 천을 짜는 일

모실 시	수건 건	장막 유	방 방
侍	巾	帷	房
모시다	수건·두건	장막·휘장	방
亻亻亻仁仕侍侍	丨冂巾	冂巾帅帅帷帷	丶㇀㇀戶戶房房

[侍巾帷房 시건유방] 장막을 친 안방에서는 수건을 준비해 두고 어른을 모셔야 한다.

◎ 어휘학습

侍女 시녀 *女 계집 녀
지체 높은 사람 가까이에서 시중을 들던 여자.

新房 신방 *新 새로울 신
혼례식을 마치고 신랑·신부가 첫날밤을 치르도록 차린 방.

흰깁 환	부채 선	둥글 원	깨끗할 결

흰 비단	부채	둥글다·둘레	깨끗하다·맑다
〃 幺 乒 糸 糹 紈 紈	〃 亠 冖 戶 戶 扇 扇	丨 冂 門 同 圓 圓 圓	氵 氵 洁 洁 潔 潔 潔

[紈扇圓潔 환선원결] 흰 비단으로 만든 부채는 둥글고 깨끗하다.

➡ 어휘학습

原盤 원반　　*盤 소반 반

원반던지기에 쓰는 운동구.
나무 바탕에 놋쇠의 둥글 납작한 판을 박고 금속의 테를 두른 둥근 판.

潔白 결백　　*白 흰 백

마음씨나 몸가짐이 깨끗함.
지조를 더럽힘이 없이 깨끗함.

은 은	촛불 촉	빛날 위	빛날 황
銀	燭	煒	煌
은·돈	촛불·비치다·밝다	빛나다·환하다	빛나다
ノ ᄼ 幺 金 釒 鈤 銀	丷 火 灬 燭 燭 燭 燭	丷 火 灬 煒 煒 煒	丷 火 灬 炮 炮 煌

[銀燭煒煌 은촉위황] 은촛대의 촛불은 환하게 빛난다.

어휘학습 ▶ 銀 6급

銀波 은파　　＊波 물결 파

달빛에 비쳐 은백색으로 보이는 물결. 은물결.

燭光 촉광　　＊光 빛 광

촛불의 빛. 예전에 쓰던 광도(光度)의 단위. 현재는 칸델라(candela)를 사용. 1촉광은 약 1 칸델라임.

낮 주	졸 면	저녁 석	잠잘 매
晝	眠	夕	寐
낮 · 대낮	졸다 · 잠자다	저녁 · 저물다	잠자다
ㄱㄱㄱ畫書書晝	｜冂日日'目'眠眠眠	ノクタ	宀宀宀宀宀宀寐

[晝眠夕寐 주면석매] 낮에는 낮잠을 자고 밤에는 일찍 잠자리에 든다.

어휘학습   ▶晝 6급 ▶夕 7급

晝夢 주몽   *夢 꿈 몽

낮에 공상에 잠겨 꿈을 꾸는 것처럼 되는 상태.

夕照 석조   *照 비출 조

저녁 때의 불그레한 햇빛.

동 落照 낙조, 夕暉 석휘

쪽 람	죽순 순	코끼리 상	평상 상
藍	筍	象	床
쪽·남색	죽순·대나무 싹	코끼리·상아	평상·잠자리
艹艹藍藍藍藍藍	′ ′ ′ ′ ′ 筍筍	′ ′ ′ ′ ′ 象象	′ 广广庄床床

난 상아 침대

난 대나무 자리

난 보자기 침대

[藍筍象床 남순상상] 푸른 죽순으로 엮은 자리와 상아로 꾸민 침상이 있다.

○ 어휘학습

象徵 상징   *徵 부를 징

추상적인 사물이나 개념을 구체적인 사물로 나타냄.

寢牀 침상   *寢 잠잘 침

누워서 잘 수 있게 만든 평상.

동 寢臺 침대

줄 **현**	노래 **가**	술 **주**	잔치 **연**
絃	歌	酒	讌
악기의 줄·현악기	노래	술	잔치
幺 糸 糸 紆 絃 絃 絃	一 可 可 哥 歌 歌	氵 氵 沉 洒 酒 酒	言 言 訁 誩 讌 讌 讌

[**絃歌酒讌** 현가주연] 거문고를 타면서 노래 부르고 술 마시는 잔치를 벌인다.

▶ 어휘학습

▶ 歌 7급

歌手 가수　　*手 손 수
노래 부르는 일을 직업으로 하는 사람.
유행 가수.

酒邪 주사　　*邪 간사할 사
술 먹은 뒤의 나쁜 버릇으로 하는 언행.

접할 접	잔 배	들 거	잔 상
接	杯	擧	觴
접하다·사귀다·잇다	잔	들다·받들다·일으키다	잔·술을 마시다
一 亅 扌 扩 护 按 接 接	一 十 木 木 朽 朽 杯	𠂉 𠂉 臼 𦥑 與 與 擧	𠂉 𠂉 𠂉 𠂉 𠂉 觴 觴

[接杯擧觴 접배거상] 크고 작은 잔으로 술을 주고 받으며 마신다.

◯ 어휘학습

接境 접경   *境 지경 경

경계가 서로 접함.
두 지역이 서로 접한 경계.

擧動 거동   *動 움직일 동

일에 나서서 움직이는 태도.
몸가짐. 동작.

바로잡을 교	손 수	두드릴 돈	발 족
矯	手	頓	足
바로잡다·들다·거짓	손·잡다	두드리다·무디다	발·넉넉하다
ㅗ 矢 矢' 妖 矫 矯 矯	一 二 三 手	一 口 屯 屯' 屯' 頓 頓	丿 口 口 口' 冚 足 足

[矯手頓足 교수돈족] 손을 들고 발을 구르며 춤을 춘다.

어휘학습

▶ 足 7급

手術 수술   *術 꾀 술

피부, 기타의 조직을 외과 기구로 째거나 자르거나 하여 병을 다스리는 일.

足跡 족적   *跡 자취 적

발자국.
지내 오거나 겪어 온 일의 자취.

기쁠 열	미리 예	또 차	편안할 강
悅	豫	且	康
기쁘다·즐겁다	미리·먼저·기쁘다	또·거의·어조사	편안하다·즐겁다

[悅豫且康 열예차강] 기쁘고 즐거우면 편안한 삶이다.

어휘학습

喜捨 희사 *捨 버릴 사
즐겨 재물을 연보(捐補)함.
신불의 일로 재물을 기부함.

豫感 예감 *感 느낄 감
무슨 일이 있기 전에 암시적으로 또는 육감으로 미리 느낌.

정실 적	뒤 후	이을 사	이을 속
嫡	後	嗣	續
정실·본처	뒤	잇다·자손	잇다·자손·익히다
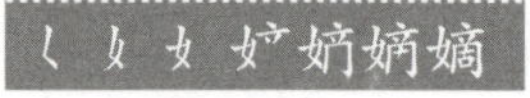 ㄥ ㄠ 女 女⌐ 妒 嫡 嫡	 ′ 彳 彳⌐ 後 後 後	 ㅁ 吕 吕 冊 嗣 嗣 嗣	 么 糸 紅 續 續 續 續

[嫡後嗣續 적후사속] 맏아들로 대를 잇는다.

어휘학습

▶ 後 7급

後輩 후배　　*裵 옷치렁치렁할 배

늦게 시작하여 학문·덕행·경험·나이 따위가 자기보다 뒤진 무리.
같은 학교를 나중에 나온 사람.

續報 속보　　*報 갚을 보

앞의 보도에 잇대어서 하는 보도.

제사 제	제사 사	찔 증	맛볼 상

제사	제사	찌다·무리	맛보다·일찍
ク夕夕外奴奴祭祭	一二亍示利和祀	艹艾芏苤莁蒸蒸	𝘐 ⺌ 兯 告 嘗 嘗 嘗

설날과 추석 그리고 돌아가신 날에 제사를 지내야 한다 절 해라

예

[祭祀蒸嘗 제사증상] 조상에게 지내는 제사 중에서 겨울 제사는 증, 가을 제사는 상이라 한다.

◐ 어휘학습

祭祀 제사　　　*祀 제사 사

신령에게 음식을 바쳐 정성을 나타내는 의식.

蒸散 증산　　　*散 흩을 산

김내기.
증발하여 흩어져 없어짐.

조아릴 계	이마 상	다시 재	절 배
稽	顙	再	拜
조아리다·꾸벅거리다	이마	다시·거듭·두 번	절·굴복하다
二千禾秒秪稽稽	又叒쯔桑顙顙顙	一厂丙再再	一二三手手拜

[稽顙再拜 계상재배] 제사를 지낼 때에는 이마를 조아려 두 번 절을 한다.

어휘학습

再生 재생   *生 날 생
다시 살아남.
버리게 된 물건을 다시 쓸 수 있게 만듦.

拜復 배복   *復 돌아올 복
한문투 편지 답장의 첫머리에 쓰는 높임말.

두려울 송	두려울 구	두려울 공	두려울 황
悚	懼	恐	惶
두려워하다·송구하다	두려워하다·조심하다	두려워하다·염려하다	두렵다·급하다
丶丨忄忊悚悚悚	丶丨忄忄惧懼懼	一丁丑玑玑恐恐	丶丨忄忄悼悼惶

[悚懼恐惶 송구공황] 제사는 두려운 마음으로 공경함을 다해 지내야 한다.

❯ 어휘학습

恐喝 공갈　　　＊喝 꾸짖을 갈

윽박지르며 을러대는 짓.
'거짓말'을 속되게 일컫는 말.

惶汗 황한　　　＊汗 땀 한

열이 나고 몸이 부으며 누른 땀이 나는 증세.

글 전	편지 첩	간략할 간	중요할 요
牋	牒	簡	要
글·표	편지·공문	편지·쉽다·간략하다	중요하다·구하다
ノ ア 片 片 片 片 牋 牋	ノ ア 片 片 片 片 片 牒 牒	ノ ト 竹 竹 節 節 簡 簡	一 厂 西 西 要 要 要

[**牋牒簡要** 전첩간요] 편지와 글은 중요한 것만 간추려 간단하게 써야 한다.

◎ 어휘학습

簡潔 간결   *潔 깨끗할 결

번잡스럽지 아니하고 간단한 데서 요령이 있음.

要約 요약   *約 묶을 약

말이나 문장의 요점을 잡아서 추림. 약속함. 언약을 맺음.

돌아볼 고	대답 답	살필 심	자세할 상
顧	答	審	詳
돌아보다	대답·갚다	살피다·알아 내다	자세하다
゛゛戸戸雇顧顧	ノ ゛ 竹 竺 笞 答 答	宀宀宙宷審審審	一 言 言 訁 詳 詳 詳

[顧答審詳 고답심상] 돌아보고 답변할 때에는 상세히 살펴야 한다.

어휘학습

答 7급

答辯 답변 *辯 말잘할 변

물음에 대하여 변명함 또는 그 대답.

詳記 상기 *記 기록할 기

상세히 기록함. 또는 그 기록

뼈 해	때 구	생각할 상	목욕할 욕
骸	垢	想	浴
뼈	때·더럽다	생각하다	목욕하다·깨끗이하다
冂冖罒骨骨骸骸	一土圩垆垢垢	一十木朾相想想	丶丶氵氵汐浴浴

[骸垢想浴 해구상욕] 몸에 때가 끼면 목욕할 것을 생각해야 한다.

어휘학습

想像 상상　　*像 형상 상

마음 속으로 그리며 미루어 생각함.
현실의 지각에 없는 사물의 심상을 마음에 생각하여 그림. 동 空想 공상

浴室 욕실　　*室 집 실

목욕을 할 수 있도록 마련한 방.

잡을 집	더울 열	바랄 원	서늘할 량

잡다·지키다	덥다·열·뜨겁다	원하다·바라다·소원	서늘하다
一 十 土 幸 幸 幸 執 執	一 十 土 圥 쵔 執 執 熱	一 厂 厇 原 原 原 願 願	冫 广 广 凉 凉 凉 凉 凉

[執熱願涼 집열원량] 뜨거운 것을 잡으면 서늘하기를 바라게 된다.

어휘학습

執着 집착 *着 붙을 착

마음에 새겨두고 잊지 않음.
깊이 마음먹음.

熱病 열병 *病 병 병

고열을 수반하는 질병.
두통·불면·식욕 부진 등이 따름.

나귀 려	노새 라	송아지 독	수소 특
驢	騾	犢	特
나귀	노새	송아지	특별하다·수소
厂 馬 馬 馿 馿 驢 驢	厂 厈 馬 馬 뿍 騾 騾	ㅅ ㅗ 牛 牛 犢 犢 犢	ㅅ ㅗ 牛 牛 特 特 特

[驢騾犢特 여라독특] 나귀와 노새, 송아지와 수소

어휘학습

▶ 特 6급

犢牛 독우 　　*牛 소 우

송아지.

特輯 특집 　　*輯 모을 집

신문·잡지·방송 등에서 특정한 내용이나 대상에 중점을 주고 하는 편집.

놀랄 해	뛸 약	넘을 초	말뛸 양
駭	躍	超	驤
놀라다	뛰다	넘다·높다	말이 뛰다
厂 F 馬 馬 馬亠 馬亥 駭	丶 口 묘 묘 묘? 蹕 躍	一 土 丰 走 起 起 超	厂 馬 馬 馬亠 驤 驤 驤

[駭躍超驤 해약초양] 나귀와 노새, 송아지와 수소가 놀라서 날뛰며 뛰어넘어 달린다.

🔎 어휘학습

躍進 약진   *進 나아갈 진

힘차게 뛰어 나아감.
매우 빠르게 발전하거나 진보함.

超過 초과   *過 지날 과

일정한 수나 한도를 넘음.

벨 주	벨 참	도적 적	도적 도
誅	斬	賊	盜
베다·벌 주다	베다·끊다	도둑·역적	훔치다·도둑
丶亠亠言言言許許誅	一一一亘車車斬斬斬	丨冂冃目貝貝財賊	冫汁汁浓浓盗盗

[誅斬賊盜 주참적도] 역적과 도둑은 베어서 처벌해야 한다.

어휘학습

斬刑 참형　　*刑 형벌 형
목을 베어 죽이는 형벌.

盜伐 도난　　*伐 칠 벌
다른 사람의 산의 나무를 몰래 벰.
동 盜斫 도작

잡을 포	얻을 획	배반할 반	망할 망·없을 무
捕	獲	叛	亡
사로잡다	얻다·노비	배반하다·달아나다	망하다·달아나다·없다
一 亻 亻 扌 扩 折 捐 捕	ノ 丿 犭 犭 犷 犷 獲 獲	ヽ 二 半 扌 扐 叛 叛	丶 亠 亡

[捕獲叛亡 포획반망] 배반하고 도망치는 자는 사로잡아 벌을 준다.

◐ 어휘학습

捕虜 포로 　　　　　*虜 포로 로

전투에서 적에게 사로잡힌 병사.
어떤 것에 매여서 꼼짝 못하는 상태.

亡身 망신 　　　　　*身 몸 신

자기의 지위·명예·체면 따위를 망침.

베 포	쏠 사	벗 료	알 환

베·베풀다	쏘다	동료	둥글다·공·총알
一ナオ右布	´ ｢ 身 身 身 射 射	´ 亻 伫 伫 倅 僗 僚	ノ 九 丸

[布射僚丸 포사료환] 여포의 활쏘기와 웅의료의 포환 던지기는 뛰어나다.

어휘학습

布局 포국　　　　　*局 판 국

전체의 배치.
바둑 돌을 국면에 벌여 놓음.

射禮 사례　　　　　*禮 예도 례

궁술의 예식.
활을 쏠 적에 행하는 의식.

사람이름 혜	거문고 금	성 완	휘파람 소
嵇	琴	阮	嘯
사람 이름	거문고	사람 이름	휘파람·읊다

[嵇琴阮嘯 혜금완소] 혜강은 거문고를 잘 탔고, 완적은 휘파람을 잘 불었다.

◆ 어휘학습

琴線 금선 *線 줄 선

거문고의 줄.
마음 속에 깊이 간직한 다감한 마음.

阮丈 완장 *丈 어른 장

남의 삼촌의 존칭.

편안할 념	붓 필	인륜 륜	종이 지
恬	筆	倫	紙
편안하다	붓	인륜·의리	종이·편지
忄 忄 忄 恬 恬 恬	⺮ 筑 笁 笔 筆 筆	亻 伫 伶 伶 倫 倫	幺 糸 糸 紅 紙 紙

[恬筆倫紙 염필륜지] 몽염은 붓을 처음 만들었고, 채륜은 종이를 처음 만들었다.

어휘학습

▶ 紙 7급

筆記 필기 *記 기록할 기
글씨를 씀.
강의·연설 등을 할 때 그 말을 받아쓰는 일.

紙誌 지지 *誌 기록할 지
신문과 잡지 등의 총칭.

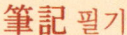

서른근 균	교묘할 교	맡길 임	낚시 조
鈞	巧	任	釣
무게 단위	교묘하다·재능	맡기다	낚시·낚다
ノ⺉⺍金金釣鈞	一丁工巧	ノ亻仁仨任任	ノ⺉⺍金金釣釣

[鈞巧任釣 균교임조] 마균은 수레를 만들어 냈고, 임공자는 낚싯대를 처음 만들었다.

◐ 어휘학습

鈞天 균천　　　*天 하늘 천

구천(九天)의 하나.
하늘 가운데 있어 주장이 된다는 가상의 이름.

任命 임명　　　*命 목숨 명

관직에 명함.
직무를 맡김.

풀 석	어지러울 분	이로울 리	세상 속
釋	粉	利	俗
풀다·놓다	어지럽다·복잡하다	이롭다·편리하다	풍속·세상·속이다
乎 乎 釆 釋 釋 釋	幺 乡 糸 糸 紛 紛	一 二 千 禾 禾 利 利	丿 亻 仒 伀 佟 俗 俗

[釋粉利俗 석분리속] 여덟 명은 어지러운 것을 풀어서 세상을 이롭게 하였다.

어휘학습   ▶利 6급

利益 이익   *益 더할 익

물질적으로나 정신적으로 보탬이 됨.
유익하고 도움이 됨.

俗說 속설   *說 말씀 설

세간에 전해 내려오는 설.

동 俗談 속담

아우를 병	다 개	아름다울 가	묘할 묘

아우르다·나란히 하다	다·모두	아름답다·좋다	묘하다·신비하다
丶亠䒑竝竝竝	一ト 比 比 皆 皆	ノ 亻 亻 仆 件 佳 佳	乚 𡿨 女 女 妆 妙 妙

[竝皆佳妙 병개가묘] 모두 아름답고 신비한 재주를 가졌다.

◑ 어휘학습

竝行 병행 　　*行 갈 행

나란히 같이 함.
두 가지 일을 한꺼번에 아울러서 행함.

皆勤 개근 　　*勤 부지런할 근

일정한 기간 동안 하루도 빠짐없이
출석·출근함.

털 모	베풀 시	맑을 숙	맵시 자
毛	施	淑	姿
털	베풀다·주다	맑다·착하다	맵시·태도
丿二三毛	亠方方方斻施施	氵冫汁汁汴淑淑	冫冫次次姿姿

[毛施淑姿 모시숙자] 모장과 서시는 생김새가 아름다웠다.

어휘학습

毛髮 모발 *髮 터럭 발
사람의 몸에 난 온갖 털.
사람의 머리털.

貞淑 정숙 *貞 곧을 정
여자의 행실이 곧고 마음씨가 맑다.

장인 공	찡그릴 빈	고울 연	웃을 소
工	嚬	姸	笑
장인 · 공교롭다	찡그리다 · 흉내내다	곱다 · 아름답다	웃다 · 웃음

[工嚬姸笑 공빈연소] 모장과 서시는 찡그리는 모습조차 웃는 것처럼 아름다워 다른 이들이 그 모습을 흉내냈다.

어휘학습

▶ 工 7급

工業 공업 *業 업 업
원료를 가공하여 그 성질과 형상을 변경하며 만든 제품.

失笑 실소 *失 잃을 실
자기도 모르게 나오는 웃음.

해 년	화살 시	매양 매	재촉할 최
年	矢	每	催
해·나이·세월	화살·곧다	매양·늘·여러 번	재촉하다·핍박하다
ノ ヽ ニ 午 年	ノ ヽ ニ 矢 矢	ノ ー 仁 每 每 每	亻 亻' 亻"' 仳 价 催

[年矢每催 연시매최] 세월은 화살처럼 늘 재촉하듯 빨리 지나간다.

◉ 어휘학습

▶ 年 8급 ▶ 每 7급

年少 연소 *少 적을 소

나이가 어림.

반 年老 연로

每物 매물 *物 만물 물

쓰기에 긴한 온갖 물건.

햇빛 희	햇빛 휘	밝을 랑	빛날 요
曦	暉	朗	曜
햇빛	햇빛	밝다	빛나다
日 日⁺ 旷 瞎 曉 曦 曦	丨 冂 日 日⁻ 旷 暉 暉	⇁ 㠯 㠯 艮 良 朗 朗	日 日' 日" 日" 旷 睬 曜

[曦暉朗曜 희휘랑요] 해와 달은 밝게 빛나고 있다.

◐ 어휘학습

朗誦 낭송   *誦 욀 송

소리를 내어 글을 읽음.

明堂 명당   *堂 집 당

임금이 알현을 받는 정전.
무덤 아래에 있는 평지.
명당 자리.

옥이름 선	구슬 기	매달 현	돌 알
璇	璣	懸	斡
아름다운 옥	구슬	매달리다·걸다	돌다·구르다
一 Ŧ Ŧ 玗 玡 璇 璇	一 Ŧ Ŧ 玡 璣 璣 璣	日 且 串 県 県 縣 懸	一 古 直 卓 斡 斡 斡

[璇璣懸斡 선기현알] 선기가 높이 매달려 돌고 있다.

어휘학습

懸垂 현수　　*垂 드리울 수
아래로 꼿꼿하게 달려 드리워짐.

斡旋 알선　　*旋 돌 선
남의 일을 잘 되도록 마련하여 줌.

그믐 회	넋 백	고리 환	비칠 조
晦	魄	環	照
그믐·어둡다	넋·달빛	두르다·고리	비추다·비교하다
冂 日 旷 昈 晦 晦 晦	ノ ⺁ 白 白 魄 魄 魄	一 王 環 環 環 環	丨 日 ⽇ 昭 昭 照

[晦魄環照 회백환조] 달은 그믐이면 빛을 잃지만, 돌다가 보름이 되면 다시 빛을 낸다.

◐ 어휘학습

環狀 환상   *狀 형상 상

고리처럼 둥글게 생긴 형상.

    동 環形 환형

照臨 조림   *臨 임할 림

해와 달이 위에서 내려 비침.
신불이 세상을 굽어 봄.

손가락 지	장작 신	닦을 수	복 우
指	薪	修	祐
손가락·가리키다	장작·땔나무	닦다·엮다	복·돕다
一 十 扌 扩 拈 指 指	艹 苎 莘 薪 薪 薪	亻 亻 攸 攸 修 修	二 丁 示 礻 祁 祐

[指薪修祐 지신수우] 불에 타는 장작처럼 정열로 도리를 익히면 복을 받을 수 있다.

어휘학습

指壓 지압　　*壓 누를 압
손끝으로 누르거나 또는 두드림.

修養 수양　　*養 기를 양
심신을 닦아 지덕을 계발함.

길 영	편안할 유	길할 길	높을 소
永	綏	吉	邵
길다·오래	편안하다	길하다·즐겁다	높다
丶 亅 亇 永	乁 幺 糸 絊 絞 綏 綏	一 十 士 吉 吉	𠃌 刀 刃 召 召 邵 邵

[永綏吉邵 영유길소] 도리를 익히면 오랫동안 편안하고 즐거움도 커진다.

➡ 어휘학습

▶ 永 6급

永遠 영원　　＊遠 멀 원

한없이 오래 계속 되는 일.
시간을 초월하여 존재하는 일, 곧 시간에 좌우되지 않는 존재.

吉鳥 길조　　＊鳥 새 조

사람에게 어떤 길한 일이 생김을 미리 알려준다는 새.

법 구	걸음 보	이끌 인	옷깃 령
矩	步	引	領
법	걸음·다니다	이끌다·인도하다	옷깃·고개·거느리다

[矩步引領 구보인령] 똑바로 걷고 옷깃을 단정하게 여며야 한다.

어휘학습

步度 보도   *度 법도 도

행군할 때 걸음의 속도와 걸음 나비의 기준.

引受 인수   *受 받을 수

물건·권리를 넘겨 받음.
환어음의 지급인이 어음 금액 지급의 주된 채무가 된다는 뜻을 그 어음에 기재하고 서명하는 일.

구부릴 부	우러러볼 앙	행랑 랑	사당 묘
俯	仰	廊	廟
구부리다 · 머리숙이다	우러러보다 · 쳐다보다	행랑	사당
亻 亻' 仁 伫 伫 俯 俯	ノ 亻 亻' 化 仰 仰	一 广 广 庐 庐 廊 廊	一 广 广 庐 庫 廟 廟

[俯仰廊廟 부앙랑묘] 궁전과 사당에서는 우러러보고 머리를 숙여 예의를 지켜야 한다.

어휘학습

信仰 신앙　　　*仰 우러를 앙

신불 등 어떤 신성한 대상을 절대시하여 믿고 받드는 일.

宗廟 종묘　　　*宗 마루 종

역대 제왕의 위패를 모시는 제왕가의 사당.

묶을 속	띠 대	자랑할 긍	씩씩할 장
束	帶	矜	莊
묶다·약소	띠·차다	자랑하다·공경하다	씩하다·단정하다
一 丆 酉 甫 束 束 束	一 卄 丗 带 带 帶 帶	丆 ㄱ 予 矛 矜 矜	艹 艹 壮 莊 莊 莊 莊

[束帶矜莊 속대긍장] 띠를 단정히 두름으로써 긍지를 가져야 한다.

어휘학습

束縛 속박   *縛 묶을 박
얽어 매어서 자유를 구속함.

矜持 긍지   *持 가질 지
믿는 바가 있어서 스스로 자랑하는 마음. 프라이드.

배회할 배	배회할 회	볼 첨	바라볼 조
徘	徊	瞻	眺
배회하다·어정거리다	배회하다·어정거리다	보다·우러러보다	바라보다
㇒㇒亻彳彳彳彳徘徘	㇒㇒亻彳彳彳彳彳徊徊	丨冂冃旷旷旷瞻瞻	丨冂冃目目目郎眺眺

[徘徊瞻眺 배회첨조] 이리저리 거닐며 두루 살펴보아야 한다.

🔜 어휘학습

徘徊 배회　　　＊徊 노닐 회

목적 없이 거닒.
※배회증(徘徊症): 정신병의 하나.
　별로 목적지도 없이 여기저기를 배회하는 증상.

眺望 조망　　　＊望 바랄 망

먼 곳을 내다봄 또는 그 광경.

외로울 고	더러울 루	적을 과	들을 문
孤	陋	寡	聞
외롭다·고아	더럽다·좁다	적다·드물다	듣다
了孑孑孑孑孤孤孤	了阝阝阿阿陋陋	宀宁市宣寡寡寡	丨卩卩門門問聞

[**孤陋寡聞** 고루과문] 외롭고 더러우면 듣고 보는 것이 모자라게 된다.

어휘학습

▶ 聞 6급

孤獨 고독   *獨 홀로 독

어린아이가 부모가 없거나, 늙은이가 자식이 없거나, 남녀가 짝이 없음.
외로움.

見聞 견문   *見 볼 견

듣고 보아 얻은 지식.

동 聞見 문견

어리석을 우	어릴 몽	같을 등	꾸짖을 초

어리석다	어리다·속이다	무리·같다	꾸짖다
丨口日日甲禺愚愚	艹艹艹莕莕蒙蒙蒙	丿𠂉𠂉竺竺笁等等	丶亠亠言訁訁訪誚誚

[愚蒙等誚 우몽등초] 듣고 보는 것이 모자라면, 어리석고 못난 자가 되어 꾸지람을 듣게 된다.

어휘학습

愚弄 우롱   *弄 희롱할 롱

사람을 바보로 만들어 놀림.

等級 등급   *級 등급 급

신분·값·품질 등의 높고 낮음의 차례를 분별한 층수. 또는 위 아래를 구별한 등수.

이를 위	말씀 어	도울 조	놈 자
# 謂	# 語	# 助	# 者
일컫다·이르다·고하다	말씀·말하다	돕다	놈·사람·어조사
言 訁 訂 詛 謂 謂 謂	言 訁 訂 語 語 語	丨 冂 月 且 助 助	一 十 土 耂 考 者 者

[謂語助者 위어조자] 한문에는 도움을 주는 어조사가 있다.

▶ 어휘학습
▶ 語 7급

語尾 어미　　*尾 꼬리 미
용언의 어간 뒤에 붙어 경우에 따라 여러 가지로 활용되는 부분.

助言 조언　　*言 말씀 언
옆에서 말을 덧붙여 도움 또는 그 말.

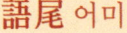

[焉哉乎也 언재호야] 어조사에는 언, 재, 호, 야의 네 글자가 있다.

어휘학습

焉 : 의문, 방어의 뜻. 발어사

乎 : 의문사. 감탄사

哉 : 비로소. 처음으로

也 : 평이한 서술 내지 단정을 나타냄

그림과 함께 풀어쓴 천자문

■**중판 1쇄** 2024년 8월 10일 인쇄 ■**중판 1쇄** 2024년 8월 15일 발행 ■**엮은이** 정은영 ■**그림** 유대철
■**펴낸곳** 아이템하우스 ■**표지 및 책임 디자인** 김주영 ■**편집디자인** 김성진 ■**인쇄** 신화인쇄 ■**출력** 토탈프로세
■**출판등록** 2001년 8월 7일 제2-3387호 ■**주소** 서울특별시 마포구 동교로 75 (망원동), 전원빌딩 301호

※ 파본이나 잘못된 책은 교환해 드립니다.